칠죄종
일곱 가지 구원

칠죄종
일곱 가지 구원

초판 발행일 2019. 4. 4
2판 2쇄 2021. 5. 25

글쓴이 황인수
펴낸이 서영주
총편집 황인수
편집 손옥희, 김정희 **디자인** 김안순
제작 김안순 **마케팅** 서영주 **인쇄** 아트프린팅

펴낸곳 성바오로
출판등록 7-93호 1992. 10. 6
주소 서울특별시 강북구 오현로7길 20(미아동)
취급처 성바오로보급소 **전화** 944-8300, 986-1361
팩스 986-1365 **통신판매** 945-2972
E-mail bookclub@paolo.net
인터넷 서점 www.paolo.kr
www.facebook.com/stpaulskr

값 13,000원
ISBN 978-89-8015-916-1
교회인가 서울대교구 2019. 3. 12 **SSP** 1067

ⓒ 황인수, 2019

성경 ⓒ 한국천주교중앙협의회, 2021.

이 도서의 국립중앙도서관 출판예정도서목록(CIP)은 서지정보유통지원시스템 홈페이지(http://seoji.nl.go.kr)와 국가자료종합목록시스템(http://www.nl.go.kr/kolisnet)에서 이용하실 수 있습니다. (CIP제어번호 : CIP2019009768)

이 책은 저작권법의 보호를 받으므로 무단전재와 무단복제를 금합니다.
이 책 내용의 전부 또는 일부를 재사용하려면 반드시 저작권자와 성바오로출판사의 동의를 얻어야 합니다.

아레오파고스 1

칠죄종 일곱 가지 구원

황인수 지음

성바오로

아 레 오 파 고 스

하느님의 말씀은 항상 그 시대의 언어로 선포되어야 합니다. 이 시대에 신앙과 복음은 어떤 모습이어야 할지 고민하면서 '아레오파고스' 시리즈를 내놓습니다. 아레오파고스는 사도 바오로가 그때까지 그리스도의 가르침을 전하던 유다교의 환경을 떠나, 그리스라고 하는 낯선 사회와 문화 속에서 복음을 선포한 장소입니다. 이 작업이 어지럽게 변화하는 21세기를 살아가는 우리 시대의 사람들에게 새로운 아레오파고스가 되기를 바랍니다.

차례

들어가는 말　9

첫 번째 강의　13
죄란 무엇일까?

두 번째 강의　33
여덟 가지 악한 생각에서 칠죄종까지

세 번째 강의　53
탐식, 음식과 맺는 뒤틀린 관계

네 번째 강의　71
음란, 육체와 맺는 뒤틀린 관계

다섯 번째 강의　89
탐욕, 물질과 맺는 뒤틀린 관계

여섯 번째 강의 105
분노, 타인과 맺는 뒤틀린 관계

일곱 번째 강의 123
슬픔, 시간과 맺는 뒤틀린 관계

여덟 번째 강의 141
아케디아 혹은 우울, 장소와 맺는 뒤틀린 관계

아홉 번째 강의 159
허영, 행위와 맺는 뒤틀린 관계

열 번째 강의 175
식별과 기도

인용된 교부들의 작품 출처 197
함께 읽으면 도움이 될 책들 200

들어가는 말

"죄보다는 축복을 이야기하자." 이런 말을 가끔 듣습니다. 교회에서는 죄를 너무 강조하기 때문에 죄책감과 부담감을 준다는 이야기입니다. "당신은 죄를 지었습니다." 이렇게 되면 그 다음은 속죄를 해야 한다는 결론이 나오지요. 결국 신앙이 자발적인 기쁨이 아니라 죄책감과 의무가 되어 버린다는 겁니다. 일리가 있는 말입니다. '내가 잘못했구나.' 하는 생각은 죄에 따르는 벌을 떠오르게 하고 마음에 짐이 되기 때문입니다.

이 책에서는 '죄란 무엇일까?'라는 질문을 던져 보려 했습니다. 해서는 안 될 무엇을 저지르는 것, 행위 차원의 어떤 것이 죄가 아니다, 사람 깊은 곳에 숨어 있는 깊은 관계, 다시 말해서 내가 나 자신과 맺는 관계, 하느님과 맺는 관계가 어그러져 버리는 체험에서 온 것이 죄다, 라는 말을 하고 싶었습니다. 그러므로 죄는 부담스럽고 피해야 할 것이 아니라 정말 나 자신을 찾고, 그럼으로써 나의 하느님을 만날 수 있는 복된 자리가 됩니다. 우리는 하느님이 아니고 인간이며 한계를 지닌 약한 존재이지만 그렇기에 스스로를 구원하려고 할 때 죄를 짓게 됩니다. 그 자리까지

더듬어 내려가서 나로부터 하느님께 돌아서는 것, 이것이 회개이며 이는 예수님께서 공생활을 시작하시면서 처음 선포하신 내용이기도 합니다. "하느님 나라가 가까이 왔습니다. 회개하고 복음을 믿으십시오."

그렇게 나의 약함에서 하느님을 만나지 않으면 우리는 타인의 약함과 고통을 이해할 수 없으며 결국 사랑할 수 없게 됩니다. "나는 의인을 부르러 온 것이 아니라 죄인을 부르러 왔다."고 하신 예수님의 말씀이 이런 뜻이 아닐까 생각해 봅니다. 이런 이야기들을 주로 수도승 영성에 기반을 두고 우리가 살아가는 현실과 연결하여 풀어 보려고 했습니다. 인용된 교부들의 작품은 책의 말미에 전거를 밝혀 두었고 하나의 장章이 끝날 때마다 교회 역사의 중요한 인물들에 대해서는 간략한 설명을 덧붙였습니다. 그러나 책을 이해하는 데 필수적인 것은 아니기 때문에 원치 않으시는 분은 읽지 않고 그냥 지나치셔도 됩니다. 책의 끝에 좀 더 깊이 공부하고 싶으신 분들을 위하여 도움이 될 만한 책들 목록을 덧붙였습니다. 그리스도교 전통이 가진 보화를 맛보는 좋은 기회가 될 거라고 믿습니다.

　이 책의 내용은 여러 기회에 강의한 내용을 정리해 엮은 것입니다. 이 책이 나오기까지 여러 분이 직간접으로 도움을 주셨습니다. 부족한 강의를 들어 주신 분들, 녹취하는 데 도움을 주신 분들, 여러 좋은 의견으로 가르침을 주신 분들에게 이 자리를 빌려 감사를 드립니다. 이 책을 읽으시는 여러분이 죄를 단지 부담스럽고 피해야만 하는 것이 아니라 나의 하느님을 만날 수 있는 곳, 그래서 참으로 사랑을 배울 수 있는 자리로 받아들일 수 있기를 바랍니다.

지은이

일러두기

- 인용된 성경 본문은 새 번역 「성경」에서 가져온 것이다.
- 교부들의 인명 및 저서명은 「교부문헌용례집」(한국교부학연구회편, 수원가 톨릭대 출판부)을 따랐다.

첫 번째 강의

죄란 무엇일까?

죄-행위의 차원과 마음의 차원

오늘부터 열 차례에 걸쳐서 칠죄종이라는 주제를 가지고 여러분과 함께 나누어 보려고 합니다. 칠죄종은 일곱 가지 큰 죄라는 말입니다. 종宗이라는 한자는 '마루 종'이니까 칠죄종은 여러 죄 중에서 으뜸이 되는 일곱 가지 죄라는 뜻이지요. 사실 '죄'라는 말을 좋아하는 사람은 없을 겁니다. 부담스러운 말이고 피하고 싶은 주제니까요. 하지만 우리는 좀 다른 시각에서 죄라는 주제에 접근해보려고 합니다. 마태오 복음을 보면 예수님이 산 위에서 사람들에게 가르침을 주십니다. 이른바 산상 수훈입니다. 거기 이런 대목이 나옵니다.

"'살인해서는 안 된다. 살인한 자는 재판에 넘겨진다.'고 옛사람들에게 이르신 말씀을 너희는 들었다. 그러나 나는 너희에게 말한다. 자기 형제에게 성을 내는 자는 누구나 재판에 넘겨질 것이다. 그리고 자기 형제에게 '바보!'라고 하는 자는 최고 의회에 넘겨지고, '멍청이!'라고 하는 자는 불붙는 지옥에 넘겨질 것이다. 그러므로 네가 제단에 예물을 바치려고 하다가, 거기에서 형제가 너에게 원망을 품고 있는 것이 생각나거든, 예물을 거기 제단 앞에 놓아두고 물러가 먼저 그 형제와 화해하여라. 그런 다음에 돌아와서 예물을 바쳐라."
(5,21-24)

너희는 이러이러한 말을 들었지만 나는 이렇게 말한다. 여기서 예수님은 새 계명을 주시는 겁니다. 구약에서는 계명을 지키지 않으면 죄가 되었습니다. 이것은 무엇을 하든지 안 하든지 하는 '행위의 차원'에서 죄를 보는 거지요. 그런데 예수님은 아주 다른 말씀을 하십니다. '나는 이제 새로운 것을 너희에게 말한다.' 그렇다면 주님은 계명을 없애려고 하는 것일까요? 그렇지는 않습니다. 산상 수훈에는 이런 말씀도 있거든요. "내가 율법이나 예언서들을 폐지하러 온 줄로 생각하지 마라. 폐지하러 온 것이 아니라 오히려 완성하러 왔다."(마태 5,17) 그렇다면 율법과 예언서의 완성이란 무얼까? 이것이 실은 예수님께서 죄를 아주 다른 관점에서 말씀하고 계시는 내용이라 할 수 있습니다. 복음서를 보면 예수님이 무섭게 혼내는 사람들이 있습니다. 누구일까요? 예, 그렇습니다. 바리사이들이지요. 어떻게 보면 혹독하다 싶을 정도로 바리사이들을 혼내십니다.

> "불행하여라, 너희 눈먼 인도자들아! …불행하여라, 너희 위선자 율법 학자들과 바리사이들아! 너희가 잔과 접시의 겉은 깨끗이 하지만, 그 안은 탐욕과 방종으로 가득 차 있기 때문이다. 눈먼 바리사이야! 먼저 잔 속을 깨끗이 하여라. 그러면 겉도 깨끗해질 것이다." (마태 23,16.25-26)

여기서 잔의 겉을 깨끗이 닦는 것은 계명을 지키는 일이라고 할 수 있어요. 눈에 보이는 차원의 일이니까요. 그렇지만 예수님께는 그것으로 충분하지 않습니다. 다시 말해서, 하도록 정해진 것을 하고, 하지 말도록 정해진 것을 안 하는 것, 이것만으로는 충분하지 않다는 이야기입니다. "잔 속을 깨끗이 닦아라." 예수님은 이렇게 물으시는 겁니다. "네 마음속에는 뭐가 있느냐?"

이천 년 전에 예수님께서 하신 말씀인데 지금 우리에게도 중요한 말씀입니다. 우리는 세례를 받은 신앙인들입니다. 열심히 주일을 지키고 성당에서 단체 활동도 하고 성사 생활을 합니다. 때로 어떤 죄 때문에 고해성사를 보기도 하지요. 그러나 어떤 면에서 우리 역시 행위의 차원에서 살고 있는지도 모릅니다. 마음속에 무엇이 있는지 모르면서 겉으로 드러나는 행위에만 집중하고 있다면요. "잔 속을 깨끗이 닦아라!" 그렇다면 주님께서는 구체적으로 우리에게 무엇을 어떻게 하라고 하시는 걸까요? 마태오 복음 15장에는 이런 말씀이 나옵니다.

"너희는 아직도 깨닫지 못하느냐? 입으로 들어가는 것은 무엇이나 배 속으로 갔다가 뒷간으로 나간다는 것을 이해하지 못하느냐?"(16-17)

복음서에서 화장실이 나오는 유일한 대목이라고 하지요. 음식에 관련한 계명, 즉 무엇을 먹어야 하는가, 무엇을 먹지 말아야 하는가? 하는 계명에 대한 이야기입니다. 예수님은 입으로 들어가는 음식은 중요한 것이 아니라고 합니다. 그런 것은 결국 입으로 들어갔다가 뒷간으로 나가는 거니까요. 예수님 말씀을 계속 따라가 보겠습니다.

"그런데 입에서 나오는 것은 마음에서 나오는데 바로 그것이 사람을 더럽힌다. 마음에서 나쁜 생각들, 살인, 간음, 불륜, 도둑질, 거짓 증언, 중상이 나온다. 이러한 것들이 사람을

더럽힌다. 그러나 손을 씻지 않고 먹는 것은 사람을 더럽히지 않는다." (18-20)

분명하게 말씀을 하십니다. 악한 생각은 우리 마음에서 나온다, 죄라는 것은 결국 마음에서 시작된다는 말씀입니다. 마음이 중요하다는 시각으로 보면 우리 신앙인들에게는 작은 것이 큰 것이고, 큰 것이 작은 것이라고 할 수 있습니다. 탈렌트의 비유 이야기에서도, 받은 탈렌트를 잘 활용한 종에게 주인은 말하지요. "잘했다 착한 종아, 작은 일에 충실했으니 큰일을 맡기겠다." 밖으로 드러나는 모습은 큰 것과 작은 것이 있지만 그것이 아직 마음속에 있을 때는 큰 것, 작은 것 구분이 없지요. 그것이 밖으로 드러났을 때 결과가 커 보이는 일과 연관된다면 큰일이 되겠지만 사소해 보이는 일이라면 작은 일이라고 할 것입니다. 그래서 우리도 스스로에게 물어볼 필요가 있겠습니다. 내 마음 속에는 무엇이 있는가? 죄를 이러한 시각에서 보면 이것은 '마음의 차원'이라고 할 수 있을 것 같습니다. 밖으로 드러나는 죄를 '행위의 차원'이라 한다면 그 전에 내 마음속에 있는 것, 그래서 외적인 형태의 죄가 되도록 이끄는 것은 '마음의 차원'이라 할 수 있다는 이야기지요.

이미 무언가가 있다

그렇다면 내 마음속에 있는 그러한 것들은 대체 어디에서 온 걸까? 언제 내 마음속에 들어오게 된 걸까? 사실 우리는 우리 마음속에 무엇이 있는지 잘 모릅니다. 다만 어떤 일이 생기면 그때야 알게 되지요. '아, 내 속에 이런 것이 있었구나!' 하고요. 아우구스티누스* 성인은 죄의 이러한 성격을 이렇게 설명합니다.

"실상 그 나무도 낙원의 한가운데 심겨 있었고 그래서 선과 악을 알게 하는 나무라 불립니다. 그 뜻은 이렇습니다. 영혼은 제 뒤에 있는 것, 다시 말해 육적인 쾌락을 잊고, 제 앞에 있는 분, 즉 하느님을 향해 가야 합니다. 그러나 하느님을 버려두고 제 자신만 바라보며, 마치 하느님이 없는 것처럼 제 힘을 즐기려 할 때 교만으로 부풀어 오르게 됩니다. 교만은 모든 죄의 시작입니다. 그런 연후, 벌이 그 죄에 뒤따라올 때에야 비로소 영혼은 체험을 통해 배우게 됩니다. 자기가 버렸던 선과 자기가 넘어진 악이 무엇인지를."[1)]

창세기의 원죄 이야기에 대한 설명입니다. 창세기는 아담과 하와가 선악과를 먹음으로써 죄를 지었다고 기록하고 있는데 선악과가 선악과인 이유는 우리가 죄에 떨어진 뒤에야 그것을 알게 되기 때문이라는 거지요. 그러나 세상에 이유 없이 왔다가 이유 없이 가는 건 아무것도 없습니다. 다만 내가 모를 뿐입니다. 내 마음속에는 기쁨도 슬픔도 있고, 즐거움, 외로움, 분노, 미움 같은 것도 있습니다. 그런 것이 내 안에 숨어 있어서 나도 모르게 그런 것에 따라 말하고 움직이고 일하게 됩니다. 그런 것이 언제 내 안에 오게 되었는지, 왜 오게 되었는지는 알기 어렵습니다. 다만 분명하게 얘기할 수 있는 것은 "이미 무언가가 있다."는 것뿐이지요. 매일매일 수없이 어떤 생각이 올라오고 어떤 감정이 올라와서 어떤 일을 하고 누군가를 좋아하고 그냥 이유도 모르게 누구는 싫고… 그렇게 살아가는 겁니다. 어떤 생각이 떠오르면 우리는 그 생각대로 뭘 해요. 어떤 감정이 올라오면 그 감정에 따라서 움직입니다. 사람들은 거의 비슷합니다. 그것이 절대적인 것이라고 믿습니다. 이것이 실은 나를 믿는 태도이다, 저는 그렇게 생각합니다. 몇 년 전에 한 달 피정을 했던 생각이 나네요. 그때 피정을 지도해 주셨던 수녀님이 제게 그런 말씀을 하시곤 했어요. "이냐시오 수사, 너는 네 안에 있는 것이 다 하느님으로부터 왔다고 믿는구나." 피정을 하면 침묵 중에 기도하는데 피정 지도자가 매일 함께 식별을 합니다. "오늘은 이렇게 기도를 했고 하느님께서 이런 말씀을 제게 하고 계시는 것 같습니다." 이렇게 말씀드리면 식별을 하고 도움말을 주고 그러지요. 매일 숙제 검사를 한다고 할까요. 피정을 하면서 어떤 날 수녀님에게 가면 "잘했다. 좋은 기도다. 성령께서 그런 걸 주시는 것 같다."고 격려해 주시는데 어떤 날은 "도대체 무얼 한 거냐? 기도가 아예 안 되었다." 하시면서 혼을 내기도 하고 그러셨어요.

저는 이해하기가 어려웠습니다. 그래서 하루는 여쭈어보았지요. "수녀님, 저는 맨날 똑같이 열심히 기도하는데 왜 수녀님은 어떤 날은 성령이라고 그러고 어떤 날은 악령이라고 하십니까? 저는 이해가 안 됩니다." 그랬더니 웃으실 뿐 아무 대답도 안 해 주시는 겁니다. 아마 말해 주어도 제가 이해할 수가 없다고 생각하셨던 것 같아요. 내 안에 있는 모든 것이 다 하느님으로부터 왔다고 믿는 것, 이것은 다른 말로 하면 내가 나를 믿는 겁니다. 내 속에서 올라오는 생각을 그대로 믿고, 떠오르는 감정을 그대로 믿어요. 그리고 그대로 따릅니다. 이렇게 보면 "내가 하느님을 믿는다."고 고백하는 것이 단순한 게 아니구나, 생각하게 됩니다. 우리는 주일마다 미사에서 신경을 외웁니다. "나는 믿습니다." 이렇게 고백을 하지만 매일매일 내 삶에서는 정말로 내가 하느님을 믿으면서 살고 있는 걸까, 이것은 좀 생각해 볼 문제라는 겁니다. 교부들 가운데 고백자 막시무스*라는 분이 있습니다. 그분은 인간의 죄라는 것이 결국은 자기애에서 나온다고 말합니다. 우리가 보통 에고이즘이라고 부르잖아요. "저 사람은 자기밖에 몰라!" 이런 말을 흔히 합니다만 자기밖에 모르는 사람은 결국 자기도 모르는 사람이지요. 정말 자기가 원하는 것이 뭔지, 정말 자기에게 필요한 것이 무언지 모르는 사람입니다. 고백자 막시무스는 이런 사람을 가리켜 "자신을 해치는 자기의 애인"이라고 부릅니다. 스스로는 자기에게 좋은 거라고 여기면서 어떤 행동을 하고 있지만 실은 그것이 자기를 해치는 결과가 된다는 이야기입니다.

자기밖에 모르는 사람, 나에게 사로잡힌 사람

자기밖에 모르는 사람은 나에게 사로잡혀 있기 때문에 다른 사람을 볼 수가 없고 다른 사람이 어떤지 알 수가 없고 그래서 다른 사람을 사랑할 수도 없습니다. 그 사람에게는 자기가 아는 것이 전부이고 자기가 본 것이 전부이고 자기 체험이 전부인 거지요. "내가 해 봐서 아는데 말야…" 이러면서 남에게는 귀를 기울이려고 하지 않습니다. 다른 사람이 전부 내 뜻, 내 취향, 나의 바람을 따라 움직이기를 바라지요. 이렇게 자기 자신에게 사로잡혀 있는 것, 자신에게 갇혀 있는 것이 죄라고 한다면 죄란 무지의 문제라고도 할 수 있습니다. 십자가 위에서 예수님이 "아버지, 저들을 용서해 주십시오. 저들은 자기들이 무슨 일을 하는지 모릅니다."(루카 23,34) 이렇게 기도하셨던 데는 이런 이유가 있었던 것이 아닐까 생각합니다.

이렇게 자기에게 사로잡혀 있어서 자기도, 이웃도 잘 모르고 누구를 사랑할 수도 없다면 빨리 그런 상태에서 빠져나오면 되잖아, 이렇게 생각할 수 있습니다. 당연합니다. 빨리 그런 상태에서 빠져나와야겠지요. 그러나 그것이 쉽지 않다는 데 문제가 있습니다. 내가 그런 상태에 있다는 걸 알기도 어렵거니와 아, 그렇구나! 내가 지금 그런 상태에 있구나, 하더라도 어떻게 해야 할지 모르기 때문입니다.

우리는 지금까지 죄를 행위의 차원, 마음의 차원 등으로 단계를 나누어서 살펴보았습니다. 여기서 새로운 차원이 나옵니다. 도대체 왜 그런 것이 내 마음속에 있는가? 이것을 물을 때 우리는 영적 차원에서 죄를 바라보게 됩니다. 영적 차원이라고 하니까 아, 이건 무슨 이야긴가? 할 수 있겠습니다만 이것을 영적 차원이라고 부르는 것은 육이 모르고 지나온 시간들, 다시 말해서 육적인 존재인 우리가 모르는 채 살아온 시간들, 우리 안에 그러한 것들이 들어와 살게 된 시간들을 가리키는 표현이라 이해해 주시면 좋겠습니다.

내 마음속에 왜 이런 것이 사는가? 이렇게 묻고 그 이유를 알려 하는 것은 나를 만나는 일입니다. 왜냐하면 죄라고 하는 것은 우리가 고통 속에서, 고통에 대한 두려움 속에서 내가 살려고 다른 무엇인가를 붙잡는 것이거든요. 신약 성경에 나오는 '죄'

라는 말은 '하마르티아'라고 합니다. 그리스말입니다. 신약 성경이 본래 그리스말로 쓰였다는 걸 염두에 두면 이 말이 그리스적인 배경을 갖고 있음을 짐작할 수 있지요. 고대 그리스 올림피아드 경기에서 여러 사람이 활쏘기를 겨룰 때, 내 과녁이 아니라 옆 사람의 과녁을 겨누어 활을 쏘는 것을 가리켜 하마르티아라 했다고 합니다. 과녁을 잘못 겨누는 데에서 우리가 삶의 목표를 잘못 잡는 것, 하느님이 아니라 다른 것을 바라보는 것을 하마르티아, 즉 죄라고 부르게 된 겁니다. 다시 말해서 인간들은 누구나 자기 고통 속에서 나를 살려 줄 수 있을 거라고 믿는 것, 나를 구원해 줄 거라고 믿는 것에 매달리는데 그것이 실은 나를 구원해 줄 수 있는 게 아니라는 이야기입니다. 세상 것이 인간을 구원해 줄 수는 없지요. 세상의 권세나 돈이나 사람이나 마찬가지입니다. 그러나 실제로는 그것이 나를 살려 줄 거라고 생각해서 그것에 매달려 있는데 그것이 하마르티아, 곧 죄라는 이야기입니다.

    굉장히 돈에 집착하는 사람이 있습니다. 어떤 사람들은 힘을 추구하고 권력을 추구합니다. 그것이 자신에게 구원이 된다고 여기니까요. 그 사람이 특별히 악해서 그렇다기보다는 그에게는 그것이 구원인 겁니다. 착각이지요. 우리가 그런 사람을 흉보고 비난할 수는 있지만 거기는 그 사람이 고통을 겪는 자리, 죽음을 체험하는 자리와 연관이 있습니다. 우리가 그 지점은 보지 못

합니다. 우리 각자가 자신의 그 지점을 만나기는 매우 힘듭니다. 사람에게 가장 힘든 일은 자신을 있는 그대로 만나는 일이거든요. 자신의 고통, 자기 죽음의 자리를 직면하는 것은 그 자체로 다시 죽음을 체험하는 일이기 때문에 그렇습니다. 신비로운 것은 우리 고통의 자리, 죽음을 체험하는 자리에 하느님도 아주 가까이 계시다는 것입니다. 거기에서 돌아서면 하느님을 만나게 됩니다. 그 자리가 바로 선택의 자리인 거니까요. 하느님인가, 나인가를 선택하는 자리입니다.

복된 죄

그리스도교 전통에서는 죄를 복된 것이라 불러요. 부활 찬송 때 "오, 복된 탓이여, 너로 하여 위대한 구세주를 알게 되었도다!" 이렇게 노래하는 것을 들은 기억이 나실 거예요. "복된 탓" felix culpa, 복된 죄라는 뜻이지요. 부활 밤 미사 때 부르는 부활 찬송 exsultet을 대개는 성 암브로시우스*가 지은 것으로 보는데, 암브로시우스 성인은 아우구스티누스 성인을 교회로 이끈 분이기도 하지요. 복된 죄라는 생각은 「고백록」의 핵심 주제이기도 합니다. 우리가 하느님에게서 돌아서 버린 자리, 즉 나의 근본적인 죽음의 체험 속으로 들어갈 때 거기에서 하느님을 만날 수 있다는 거예요. 죄가 복되다 해서 계속 죄를 지으면서 살자는 이야기가 아니라 그 죄의 체험을 통해 우리가 하느님을 만날 수 있다, 그 죄의 자리가 우리가 하느님께 돌아갈 수 있는 자리다, 이런 이야기입니다. 물론 거기에서 돌아서는 것, 즉 회개가 있어야 그렇게 되는 거지만요.

아우구스티누스는 「고백록」에서 '고백하다confiteor라는 말이 두 가지 뜻을 갖고 있다고 말합니다. "나의 죄를 고백하다"는 뜻과 동시에 "찬미하다"는 뜻이 있다는 겁니다. 나의 한계와 약함 때문에 내가 하느님을 떠나 있었습니다, 스스로를 구원해 보려고 애쓰면서 죄 속에 빠져 있었습니다, 하고 고백하는 것은 나의 이러한 한계와 약함, 죄에도 불구하고 하느님께서는 나를 지탱해 주시고 인내해 주시고 돌보아 주셨습니다, 하고 그분을 찬미하는 일이 된다는 이야기입니다. 그래서 나의 죄를 고백하는 일은 자비로우신 하느님을 알아 뵙고 찬미하는 일이 되는 거지요. 다시 말해서 나의 가난과 약함과 한계의 자리, 죄 속에서 하느님 아닌 다른 것을 붙들고 그것이 나를 살려 줄 거라고 믿었던 자리로 돌아가는 겁니다. 그리고 그것을 붙잡는 것이 아니라 놓아 버리고, '제가 이렇게 가난하고 약하기 때문에 제가 스스로를 구원하려 하지 않고 하느님께 의탁합니다.'라고 할 때 그것이 회개가 됩니다. 「고백록」의 중심 주제이지요.

이런 의미에서, 죄는 부담스러운 것이 아니라 나의 보물이라고 할 수 있습니다. 내가 하느님을 만날 수 있는 열쇠이기 때문입니다. 정일우* 신부님은 영신수련을 할 때마다 자기 죄를 찾아보는 것이 처음에는 부담스러웠지만 나중에는 보물찾기처럼 여겨졌다고 하신 적이 있습니다. 자, 그러면 우리도 내 속의 약함과 한계, 죄를 부담스러워할 것이 아니라 나의 하느님을 만날 수 있는 귀한 보물로 여겨 보면 어떨까요? 그렇게 함께 나의 보물을 찾는 여정을 걸어가 보도록 합시다.

* **성 아우구스티누스(354-430)**   북아프리카의 타가스테(오늘날 알제리의 수크아라스)에서 태어났다. 카르타고에 유학 중 키케로의 「호르텐시우스」를 읽고 평생 진리를 추구하기로 결심, 성경을 읽었지만 이치에 맞지 않다 여겨 마니교도가 된다. 이후 신앙으로 돌아오는 길고도 고통스러운 여정은 「고백록」에 잘 그려져 있다. 회심 이후 387년 세례를 받고 고향에 돌아와 작은 공동체를 만들어 수도 생활을 하던 중 다른 공동체를 세우기 위해 들른 히포에서 사제로 서품된다. 395년 주교로 서품되었고 이후 430년 세상을 떠나기까지 사목자로, 정통 신앙의 수호자로, 저술가로 빼어난 활동을 펼쳤다. 「고백록」, 「삼위일체론」, 「신국론」 등 뛰어난 저술을 많이 남겼으며 "첫 천년기 가장 위대한 그리스도인 사상가이자 인류사에 있어 가장 뛰어난 천재들 가운데 하나"로 여겨지고 있다.

* **고백자 막시무스(579/580-662)**   그의 초기 삶에 대해서 명확하게 알려진 바는 없다. 일설에는 지체 높은 집안 출신으로 동로마 제국의 황제 헤라클리우스의 비서였다고 전하며, 한편으로는 팔레스티나의 골란에서 태어나 9살에 고아가 되어 수도원에서 자랐다는 기록도 전하고 있다. '단의론'을 논박하여 그리스도 안에 신적인 의지와 인간적 의지가 함께 있음을 주장했으며 649년 라테라노 공의회에서 마르티노 교종과 함께 단의론을 단죄하였다. 653

년, 단의론 편에 서 있던 황제에 의해 마르티노 교종과 함께 체포되어 콘스탄티노플로 압송되었고 662년 혀와 오른손을 잘리는 형에 처해진다. 정통 신앙을 지키기 위해 받은 이 형벌로 '고백자'라 불리며 같은 해 8월 13일 세상을 떠났다.

* 성 암브로시우스(339/340-397)   주교, 교회 박사. 아우구스티누스, 히에로니무스, 대 그레고리우스와 함께 서방 교회의 4대 교부로 꼽힌다. 독일의 남서부 트리어에서 태어나 가문의 전통에 따라 국가 관리의 길을 걸었다. 그가 에밀리아 리구리아의 수도인 밀라노의 집정관으로 일할 때 밀라노의 주교인 아욱센티우스가 세상을 떠났는데 후임자 임명을 둘러싸고 아리우스파와 정통신앙 추종자들 사이에 일어난 충돌을 중재하고자 현장에 갔다가 주교로 추대되었다. 아우구스티누스를 회심시키는 데 중요한 역할을 하였으며 황제에 맞서 교회의 자주성을 옹호하고, 로마 제국이 쇠퇴해 가던 서방세계에서 교회를 부흥시키는 역할을 성공적으로 수행한 교회 지도자였다. 부활 성야 때 부르는 '부활 찬송'exultet'의 저자로 알려져 있으며 「성직자의 의무」, 「나봇 이야기」 등의 작품을 남겼다.

* 정일우(1935-2014)   예수회 사제이자 빈민 운동가. 미국 일리노이주에서 태어나 (미국 이름 John Vincent Daly) 1953년 예수회에 입회

하였다. 1960년 한국과 처음 인연을 맺었고 1967년 한국에 돌아와 서강대학교에서 가르쳤다. 1973년 '복음을 입으로만 살고 있다.'는 반성으로 청계천 판자촌으로 들어갔으며 이때 만난 고 제정구(1944-1999)와 빈민 운동에 헌신하였다. 철거민들의 집단 이주마을인 복음자리(1977), 한독주택(1979), 목화마을(1985) 등을 세웠다. 1997년 한국으로 귀화하였고, 급속한 산업화의 여파로 쇠락해 가는 농민들을 위한 사회사도직의 일환으로 충북 괴산군 삼송리에 '예수회 누룩공동체'를 시작하였다. 2014년 6월 2일 선종하였다.

두 번째 강의

여덟 가지 악한 생각에서 칠죄종까지

수도 생활, 자기를 대면하기

이번 시간에는 칠죄종이라고 하는 교회의 가르침이 어떤 과정을 거쳐 제 모습을 갖추었는가를 살펴보려고 합니다. '칠죄종'의 역사를 살펴보면 이것이 그리스도교 수도 전통에 뿌리를 두고 있음을 알 수 있습니다. 여기에서 중요한 역할을 한 교부가 있는데 이분은 수도승이었기 때문에 수도 교부라고 부르지요. 이름이 좀 길긴 합니다만 에바그리우스 폰티쿠스*라는 분입니다. 우리 전통에서도 본관이라든가 관향이라고 해서, 어르신들을 만나면 이런 대화들을 하게 되지요. "황인수라… 관향이 어디신가?" "예, 장수 황씨입니다." 어느 지역에 뿌리를 둔 황씨입니다, 이런 뜻일 텐데요. 서양에서도 레오나르도 다빈치라든가 오토 폰 비스마르크, 이런 식으로 출신 지역이 이름이 된 경우가 있습니다. 빈치라는 지역 출신의 레오나르도, 비스마르크 출신의 오토,

이런 의미의 성姓이니까요. 에바그리우스 폰티쿠스는 폰투스 지역 출신의 에바그리우스라는 뜻입니다. 어쨌든 에바그리우스는 흑해 연안 사람이었지만 현재의 이집트 북부 지역으로 와서 수도 생활을 했던 수도승이었습니다. 그렇다면 칠죄종과 수도승 전통은 어떤 연관이 있는 걸까요? 밀라노 칙령이라고 불리는 그리스도교 관용령이 반포된 4세기 초로 가 보겠습니다.

　그리스도교가 로마 제국에 의해 공인된 313년은 그리스도교 역사에서 획기적인 전환점이 된 해입니다. 로마 황제 콘스탄티누스가 그동안 박해하던 그리스도교를 제국의 종교 가운데 하나로 받아들인 해거든요. 이후 380년에는 테오도시우스라는 황제가 그리스도교를 로마의 국교로 삼게 되지요. 문제는 황제가 그리스도인이 되자 많은 사람들이 신자가 되려고 몰려들었다는 데 있었습니다. 로마에는 파트로네스patrones와 클리엔테스clientes라는 것이 있어서 힘이 있는 파트로네스가 클리엔테스들을 보살피고 클리엔테스들은 파트로네스에게 충성을 바치는 삶의 형태라고 할까 그런 것이 사회를 떠받치고 있었습니다. 우리 사회에서도 학연이나 지연 등으로 연관된 사람들이 서로 도와주고 밀어주는 모습이 있지 않습니까. 이런 연고주의는 순기능보다 역기능이 더 많다고 여기는 분들이 많은 것 같습니다만, 말하자면 그런 비슷한 것이 로마에도 있었다는 얘기지요. 그런데 최고의 파트로네스라 할 황제가 그리스도교의 후원자가 되자 많은 사람들이 교회로 몰려들었던 겁니다. 당연히 그리스도인다운 삶을 살려는 사람들은 아니었겠지요. 그러다 보니 박해 속에서 피를 흘리며 신앙을 지켜 왔던 사람들은 고민을 하게 됩니다. 이들이 세상을 버리고 광야로 들어가게 되는데 이것이 그리스도교 수도 생활의 시초가 됩니다.

그러나 정말 예수님께서 가르쳐 주신 대로 살고 싶어서 사막이나 광야로 들어간 사람들은 어떻게 되었을까요? 그렇게 모든 것을 다 포기하고 광야로 들어가서 계획했던 대로 잘 살게 되었을까요? 아니지요. 그때부터 그들은 생각하지도 못했던 것을 만나게 됩니다. 무엇을 만났을까요? 예, 자기 자신입니다. 앞서도 말씀드렸습니다만 우리가 자신을 직면하는 것은 어려운 일입니다. 혼자 있으면 자기 안에 있는 깊은 어려움들이 올라오기 시작하니까요. 영어로 수도승을 멍크munk라고 합니다만 이 말은 '모나코스'라는 말에서 나왔다고 합니다. '혼자 있는 사람'이라는 뜻이지요. 혼자 있기, 즉 자신을 직면하기가 그만큼 어렵다는 뜻일 겁니다. 광야로 간 수도승은 혼자 있으면서 온갖 체험을 하기 시작합니다. 두고 온 세상, 부모가 그리울 수도 있겠고 애인이 생각날 수도 있겠지요. 물론 애인이 있었던 사람만 그러겠지만요. 물질에 대한 집착이나 오래된 상처, 숨겨 두었던 분노 등 이 모든 것이 수도승을 괴롭힙니다. 동방 수도 생활의 아버지라고도 불리는 대 바실리우스*는 수도 생활을 하던 중에 자기 벗에게 이런 편지를 써 보내기도 합니다.

"나에 관해 말하자면, 밤낮 이 고독 속에서 무엇을 행하고 있는지 말하기가 부끄럽습니다. 나는 도시의 일들과 엄청난 죄악의 기회들을 포기했지만 여전히 나 자신을 포기할 수는 없었기 때문입니다."[1]

죄의 시작, 악한 생각

자기 자신과 힘겨운 싸움을 하던 끝에 수도 생활을 포기하고 광야를 떠나는 사람들도 많이 나옵니다. 밖에서 들어온 것이 사람을 더럽히지 않는다. 우리 마음속에 악한 생각들이 있는데 이것이 사람을 더럽히는 것이다. 예수님의 이 말씀을 첫째 시간에도 들었지만 대 바실리우스는 죄의 실제 모습을 자기 식으로 이렇게 풀어냅니다.

"우리는 생각으로 쉽게 죄를 짓는 경향이 있습니다. 이 때문에 우리 마음을 만드신 분께서는 대부분의 죄가 의도의 시작, 충동에서 이루어짐을 아시고 마음 깊은 곳의 순결을 첫 번째 덕으로 규정하셨습니다. 그분께서는 우리가 죄를 쉽게 짓는 거기에 주의를 기울이고 깨어 있어야 한다고 말씀하셨습니다. 좋은 의사들이 건강이 나쁜 사람들을 도와주고 구하는 것처럼, 모든 사람을 돌보시는 영혼의 의사이신 그분은 죄에 가장 잘 기울어지는 곳인 우리들의 그 부분에 더 철저히 주의하라고 명하셨습니다. 몸으로 하는 일은 시간, 기회, 노고, 도움, 적당한 환경이 필요하지만 생각의 움직임은 어떤 순간에도 이루어지고 노고 없이 완수되며 어려움 없이 행해집니다. 생각에는 모든 순간이 다 기회입니다."[2]

대 바실리우스가 신명기 15장 9절을 가지고 한 강론의 한 대목입니다. "그대 자신을 주의하라."라는 강론인데, 우리가 어떤 죄를 지을 때 그것은 제일 먼저 생각에서 시작된다, 이런 관점입니다. 맞는 이야기입니다. 생각은 상황이나 장소, 시간에 구애받는 법이 없으니까요. 우리 자신을 살펴봐도 실제 어떤 행동을 하기 전에는 반드시 어떤 생각이 있다는 것을 알 수 있지 않습니까. 교부들은 생각에서 비롯되는 죄의 메커니즘을 제안, 대화, 동의, 죄에 빠짐, 이렇게 네 단계로 설명합니다. 어떤 자극이 오면 사람의 마음속에 이미지 같은 것, 생각 같은 것이 생겨납니다. 이것이 제안입니다. 예수님과 거의 같은 시대에 살았던 유다인 철학자 필론*은 창세기에 나오는 원죄 이야기를 설명하면서 비슷한 이야기를 한 적이 있는데 뱀이 하와를 꼬드겨 선악과를 먹도록 하고 하와가 아담에게 이야기해서 아담까지 그 과일을 먹게 하는 과정이 실은 사람이 죄를 짓는 과정이라고 설명했던 겁니다. 여기서 뱀은 쾌락을 의미하고 하와는 감각을 가리키며 아담은 정신에 해당합니다. 쾌락의 유혹에 인간의 감각이 굴복하고 그 감각에 정신까지 무너지게 되면 죄를 짓는다고 보았던 거지요.

밤늦게 텔레비전을 보고 있는데 맛있게 라면을 먹는 광고가 나오면(자극-쾌락) 마음속으로 라면을 먹고 싶은 유혹과 '내일 아침에 얼굴이 퉁퉁 부을 텐데…' 하는 생각이 싸움을 벌이고(대화), 결국 주방으로 가서 냄비에 물을 부어 가스 불에 올려놓는 한편으로 날달걀을 찾게 되는(동의) 과정이라고 할까요? 그런 다음에는 입맛을 다시며 국물까지 다 마시고(죄에 빠짐) 다음 날 아침 후회하는 일은 아마 다들 경험해 보셨을 거예요. 에바그리우스는 이런 생각이 우리 안에 떠오르느냐, 떠오르지 않느냐는 우리가 어떻게 할 수 있는 일이 아니지만 떠오른 생각에 머물러 그것과 대화를 하는가 하지 않는가는 우리에게 달려 있다고 말합니다. 그 생각에 머물러 있다는 건 대화를 하는 일이고 그렇게 되면 십중팔구 거기 넘어가게 된다고 보았던 겁니다.

물론 천육백여 년 전 이집트 북부 광야에서 살던 수도승들이 라면의 유혹을 못 끊어 애를 먹은 건 아니지만 수도승들은 수도 생활을 하던 곳에서 자신을 유혹하는 것들이 어떤 것들인가, 그런 생각이 어떻게 결국 수도 생활을 포기하는 데 이르기까지 자신들을 공격하는가를 절실하게 체험했던 겁니다.

여덟 가지 악한 생각

이런 체험적 지식을 체계적으로 정리한 분이 에바그리우스 폰티쿠스인데 이분은 이것을 '여덟 가지 악한 생각'이라는 가르침으로 남겼습니다. 예, 처음에는 여덟 가지였던 거예요. 에바그리우스는 「프락티코스」라는 책에서 이 여덟 가지의 악한 생각 목록을 나열하고 있습니다. 그 면면을 한번 볼까요?

> "첫 번째는 탐식, 둘째는 음란, 셋째는 인색, 넷째는 슬픔, 다섯째는 분노, 여섯째는 아케디아, 일곱째는 허영, 여덟째는 교만이다."[3]

첫 번째는 탐식, 좀 적나라한 표현이지만 '목구멍의 악한 생각'이라고도 합니다. 칠죄종에서 탐식을 말할 때는 '목구멍gula'이라는 표현을 씁니다. "목구멍이 포도청이다."라는 옛말도 있습니다만 먹는 것은 인간의 가장 기본적인 욕구지요. 여덟 가지 악한

두 번째 강의 _ 여덟 가지 악한 생각에서 칠죄종까지 41

생각들을 보면 그 순서가 감각적이고 육체적인 것부터 시작해서 허영, 교만과 같은 정신적인 것으로 진행되고 있음을 알 수 있습니다. 두 번째는 음란입니다. 일단 배가 채워지면 그다음으로 육체적인 욕망이 따라온다고 할까요. 흔히 하는 말로 "서 있으면 앉고 싶고, 앉으면 눕고 싶고, 누우면 자고 싶다."고 하지 않습니까. 앞서 말씀드렸지만 탐식과 음란은 우리 몸과 관련된 것입니다. 이제 세 번째는 음식이나 육체보다 조금 몸에서 더 먼 욕망입니다. 인색, 또는 탐욕이라고 부르는 것인데 물질, 돈에 대한 악한 생각을 가리킵니다. 특히 우리 시대에 더 뚜렷이 드러나는 특징적인 죄라고 볼 수 있겠지요.

에바그리우스는 네 번째로 슬픔을 들고 있는데 때에 따라서는 그 뒤에 나오는 분노와 순서를 바꿔 말하기도 합니다. 네 번째로 분노를 들고, 슬픔을 다섯 번째 자리에 놓는 것인데 제가 보기에는 이 순서가 더 적당한 것 같습니다. 앞의 세 가지, 즉 탐식과 음란과 탐욕은 음식과 육체, 물질에 대한 욕망에서 비롯되는 것인데 인간이라면 누구나 갖는 보편적인 욕망이기도 합니다. 하지만 우리가 무얼 바란다고 해서 그것을 다 채울 수는 없지요. 그래서 네 번째부터는 그런 채워지지 않는 욕망에 대한 반응이 따라옵니다. 우리가 무엇을 바라지만 얻을 수 없을 때 우선은 분노하는 것 같습니다. '내가 이걸 바라는데 왜 안 주는 거야!' 아무리 화를 내도 바라는 것을 얻을 수 없으면 그다음에는 슬픔이 따라옵니다. 그렇다면 울며 슬퍼해도 갈망하는 것을 얻을 수 없을 때 그다음에는 무엇이 오는가. 여섯 번째는 '아케디아'라고 하는 것인데 이 말은 수도승 전통에서 통용되던 말로, 현대어로는 옮기기 어렵다고들 합니다. 권태, 무기력, 우울, 게으름, 끈기 없음, 한곳에 머무르지 못함 등 여러 가지 뜻을 포함하고 있기 때문입니다. 천육백 년 전 수도승들이 살던 광야와 우리가 살고 있는 현대 사회는 그 시간의 차이만큼이나 사고방식, 문화 등 모든 것이 다르다고밖에 할 수 없지만 굳이 현재의 어떤 말로 옮겨야 한다면 '우울'이 가장 어울리는 것 같습니다.

우리가 살고 있는 세상은 소비가 미덕인 자본주의 사회입니다. 돈이 매개가 되어 상품을 사고팔고 하지 않으면 굴러가지 않는 체제지요. 그래서 사람들이 이것을 사고 싶다, 저것이 필요하다, 이런 욕망을 갖는 것이 중요한 사회입니다. 계속 사고팔고 돈이 돌고 그래야 움직이는 세상이니까요. "자본주의의 꽃은 광고다." 이런 말이 있지만 우리는 아침부터 저녁까지 수많은 광고들, 욕망을 부추기는 속삭임에 둘러싸여 살고 있지요. 이 아파트에 살면 당신은 귀족이 된다, 그러면서 외국말로 된 무슨 성이니 무슨 궁전이니 하는 이름의 아파트 광고들, 당신 수준이면 이 정도 차는 타 줘야 돼요, 그러면서 멋진 숲과 바닷가를 유유히 달리는 자동차 광고들, 정말 온갖 것들이 꼭 필요한 것처럼 우리에게 말을 건네 옵니다. 앞서서 제안, 대화, 동의, 넘어짐이 죄의 메커니즘이라고 말씀드렸지만, 웬만해서는 그런 제안들과 대화를 안 할 수가 없어요. 인간의 심리를 잘 알고 약한 곳을 공략하는 방식으로 욕망을 부추기니까요. 그러나 얇은 우리 주머니 사정으로는 아무래도 그런 걸 손에 다 넣을 수 없지요. 사실 아무리 부유하다고 하더라도 제 욕망을 다 채울 수 있을 만큼 부유한 사람은 세상에 없습니다. 어쨌든 욕망은 계속 부추겨지지만 채워질 수는 없습니다. 우리 시대에 우울한 사람들이 이렇게 많은 것은 이런 이유 때문이 아닐까, 저는 생각합니다.

아케디아 다음은 허영입니다. 말 그대로 비어 있는 영광, 알맹이가 없는 영광입니다. 남들이 어떻게 나를 보는가, 체면 따위를 중요하게 생각하는 우리들로서는 잘 살펴봐야 할 죄라고 생각합니다. 이십 대 시절 중국에 간 적이 있는데 중국 사람들은 아주 허름한 차림으로 다니는 사람이라도 부자가 많다고 누가 얘기해 주더군요. 이 사람들은 돈을 지불할 때도 주머니 속에서 헤아린 다음 꺼내는데 한국 사람들은 지갑을 턱, 하고 꺼내서 다 보는 데서 세어 준다고, 이렇게 과시하기를 좋아하니까 외국에서도 도둑들의 표적이 되기 쉽다는 이야기였습니다. 그렇게 한다고 한들 누가 알아주거나 그러는 것도 아닌데 말하자면 못 말리는 허영인 겁니다. 여덟 번째는 교만입니다. 아우구스티누스에 따르면 모든 죄의 시작이 이 교만이지요.

교부들은 인간이 받는 이러한 죄의 유혹, 여덟 가지 악한 생각들의 뿌리가 예수님이 광야에서 받으셨던 세 가지 유혹에 있다고 보았습니다. 다음은 에바그리우스의 말입니다.

"실제 생활에서 싸움을 일으키는 마귀들 가운데 처음의 셋은 탐식의 욕정을 맡은 것, 돈에 대한 갈망을 제안하는 것, 인간적 욕망을 불러일으키는 것들이다. 다른 마귀들은 모두 이것들 뒤에 따라오면서 이것들에게 상처 입은 사람들을 공격한다. 탐식으로 넘어진 뒤가 아니면 음란의 영의 손아귀에 떨어지는 일이 없고, 음식과 재물 또는 영광을 얻기 위해 싸우는 사람이 아니라면 분노에 넘어질 일도 없다. 이러한 것들을 빼앗기거나 얻을 수 없었던 이들은 슬픔의 마귀로부터 도망칠 수 없다. '가난은 사람을 겸손하게 한다.'고 한 솔로몬의 말이 맞다면, 모든 악의 뿌리인 돈에 대한 사랑을 근절하지 못한 사람은 마귀들 가운데 첫아들인 교만에서 벗어날 수 없다. 요컨대, 제일 먼저 싸움을 걸어오는 것들에게 먼저 상처받지 않는다면 사람은 다른 마귀를 만날 일이 없다. 이 때문에 마귀는 구세주에게 이 세 가지 생각을 제안하였다. 사실 먼저 그분에게 돌을 빵으로 변하게 하라고 권하였고, 그런 다음 자기 앞에 꿇어 절하면 온 세상을 주겠다고 약속하였다. 마지막으로 높은 데서 몸을 던져 아무 상처도 입지 않으면 큰 영광을 얻을 거라고 말하였다. 그러나 우리 주님께서는 이것들보다 위에 있음을 보여 주시면서 마귀에게 물러가라고 명하시고, 이 세 가지 생각을 멸시한 후가 아니면 마귀를 몰아낼 수 없음을 우리에게 가르치셨다."[4]

'여덟 가지 악한 생각'에서 '칠죄종'까지

본래 수도승 전통에서 나온 '여덟 가지 악한 생각'이라는 가르침은 이후 요한 카시아누스*라는 교부에 의해 서방에 전해집니다. 본래 동방에서 수도 생활을 하던 요한 카시아누스는 '황금의 입'이라는 별칭으로 유명한 요한 금구*에게서 부제품을 받은 분인데요. 요한 금구 성인이 황후의 미움을 사서 유배를 떠날 때 로마 교황에게 중재를 요청하기 위해 로마에 갔다가 이후 현재의 프랑스 지역인 갈리아 지방으로 가서 그곳에 수도원을 세웁니다. 요한 카시아누스에 의해 서방에 전해진 '여덟 가지 악한 생각'은 대 그레고리우스* 교황에 의해 일곱 가지 대죄, 칠죄종으로 정리되지요. 본래 사막의 은수 생활 전통에 뿌리를 두고 있던 에바그리우스의 가르침이 요한 카시아누스에 의해 공동 수도 생활 전통 안에 뿌리를 내렸고 이것을 대 그레고리우스 교황은 다시 모든 신앙인들을 위한 가르침으로 변모시킵니다. 이것이 일곱 가지 대죄, 칠죄종인데 그 순서는 이렇습니다. 교만superbia, 인색avaritia, 시기invidia, 분노ira, 음욕luxuria, 탐식gula, 나태pigritia,acedia. 우선 여덟 가지였던 것이 일곱 가지로 줄었다는 점이 눈에 띕니다. 허영이 교만에 합쳐져서 하나가 줄게 된 것인데요, 대 그레고리우스는 카시아누스가 전한 에바그리우스의 목록을 가져다가 순서를 바꾸었습니다. "모든 죄의 시작은 교만이다."라는 대중 라틴어 성경(불가타)의 지혜서 10장 15절에 영감을 받아 교만을 첫 자리에 놓은 겁니다. 불가타 성경의 지혜서 10장 15절은 현대어 성경의 해당 구절과는 다릅니다. 어쨌든 교만이 이렇게 중요하게 된 데는 아우구스티누스 성인의 영향도 있지요. 아우구스티누스 성인은 당신 자신의 체험을 통해서 교만이 모든 죄의 뿌리라는 것을 체험한 분이거든요.

또 슬픔의 자리에는 대신 시기가 들어왔는데 이는 공동 수도 생활에 많이 있는 죄가 시기, 질투이기 때문입니다. 여러분도 일상에서 시기나 질투의 감정을 느낄 때가 있습니까? 저도 그렇습니다. 사실 인정하는 것이 중요한 것 같아요. '나에게 그것이 있다.'고 인정한 뒤에야 그다음 걸음이 가능한 거니까요. "시기? 난 그런 거 몰라." 이러면 그다음에는 한 발자국도 나아갈 수 없습니다. 농촌에서 사신 분들은 들어보셨겠지만 '막고 품는다'라는 말이 있어요. 봄철 논에 물을 댈 때 물꼬를 막아서 우리 논에 물이 다 채워지면 그 아래 논으로 물을 품어 준다는 이야기입니다. 먼저 막지 않으면(받아들이지 않으면) 그걸 어떻게 할 도리가 없는 거니까요. 다른 사람이 잘되거나 성공하는 것을 볼 때 올라오는 감정이 시기입니다. 타인의 성공을 볼 때 내 안에 태어나는 슬픔이 시기이기 때문에 시기는 특별한 형태의 슬픔이라는 거지요. 앞서 우리가 우울이라는 말로 옮겼던 아케디아는 '나태'가 되었습니다. 아케디아가 혼자 수도 생활 하는 환경에서 수도승이 끈기 있게 수도 생활을 하지 못하도록 유혹하는 악한 생각이라면, 나태란 공동생활에서 자기가 해야 할 일에 충실하지 못한 상태를 가리킵니다. 아케디아의 결과로 나타나는 모습이 나태라 보아도 될 것 같습니다.

그리스도의 싸움은 그리스도의 사람들인 우리 그리스도인들의 싸움입니다. 아우구스티누스는 시편 60편을 설명하면서 이렇게 말합니다.

"주 예수 그리스도께서 광야에서 유혹을 받으셨습니다. 분명히 그리스도께서 마귀에게 유혹을 받으셨으나 그리스도 안에서 그대가 유혹을 받았습니다. 그리스도께서 취하신 육은 그대의 육입니다. 그대가 그분에게서 구원을 얻도록 하시려는 것이었습니다. 그분은 그대에게 생명을 주시려고 그대의 것인 죽음을 스스로 짊어지셨습니다. 그분은 그대에게서 모욕을 받아 뒤집어쓰셨으니 그것은 그대가 그분에게서 영광을 얻도록 하시려는 것이었습니다. …우리가 그분 안에서 유혹을 받는다면 우리는 그분 안에서 악마를 이깁니다. 그대는 그리스도께서 유혹받으셨다는 것을 걱정하면서도 그분이 이기셨음은 보지 않습니까? 그분 안에서 그대가 유혹당한다면 그분 안에서 그대는 승리를 얻습니다." [5]

지금까지 칠죄종의 기원이 된 '여덟 가지 악한 생각'과 그 가르침이 어떤 과정을 거쳐 칠죄종이 되었는가를 살펴보았습니다. 그럼 이제 아우구스티누스 성인의 말대로 우리 자신의 싸움을 시작해 보도록 합시다. 그 첫걸음은 악한 생각 하나하나의 모습을 살펴보는 일입니다.

* **에바그리우스 폰티쿠스(345-399)**　　소아시아의 폰투스 지방 이보라에서 출생. 대 바실리우스에게서 독서직을, 나지안주스의 그레고리우스에게서 부제품을 받았으며 383년 경 이집트로 가서 수도승으로 살기 시작하였다. 후대에 오리게네스 이단으로 단죄를 받았다. 「프락티코스」, 「안티레티코스」, 「악한 생각」, 「기도론」 등의 작품을 남겼다.

* **대 바실리우스(329-379)**　　카파도키아의 카이사리아 출생. 독실한 그리스도인 집안에서 태어나 어린 시절부터 훌륭한 교육을 받고 자랐다. 당시 학문의 중심지이던 아테네에서 공부했고 이곳에서 평생의 지기인 나지안주스의 그레고리우스를 알게 된다. 356년 귀향하여 수사학을 가르쳤으나 누이 마크리나의 일깨움에 따라 수도 생활에 투신한다. 이집트, 시리아, 팔레스타인 등지의 수도승들을 방문하였고 고향의 강변에 은거하여 「긴 규칙서」, 「짧은 규칙서」라고 불리게 될 수도승들을 위한 지침서를 썼다. 360년 사제품을 받았고 370년 카이사리아의 주교가 되어 아리우스 이단 등에 맞서 정력적으로 싸웠으며 그리스도교 사회 복지의 효시라고 할 병원, 순례자 숙소 등을 포괄하는 바실리아데스를 세웠다. 「성령론」, 「도덕 규칙서」, 「청년들에게」 등의 작품이 있다.

* 필론(BC 20-AD 45)　　고대 알렉산드리아의 유대인 철학자. 당시 알렉산드리아는 유대인들의 디아스포라 가운데 하나로서 유대 신앙과 그리스 철학이 만나는 곳이었고 필론은 창세기를 알레고리적으로 해석함으로써 둘 사이에 다리를 놓으려 했다. 이는 교부 시대 알렉산드리아 학파 등에 큰 영향을 미쳤다. 「세상의 창조」, 「율법의 우의」, 「카인의 후예」, 「아브라함의 이주」 등의 작품을 남겼다.

* 요한 카시아누스(360-435)　　그의 삶에 대해 알려진 바는 많지 않다. 현재의 루마니아 또는 프랑스의 프로방스 지역이 그의 출생지로 여겨지고 있다. 본래 이름은 카시아누스이며 요한이라는 이름은 그에게 사제품을 준 요한 금구 때문에 붙은 것으로 본다. 베들레헴, 이집트 등지에 머물다가 후에 요한 금구에게서 사제품을 받았으며 이후 갈리아, 마르세이유로 가서 그곳에 수도원을 세웠다. 「담화집」, 「공주수도승 규정집」 등을 남겼는데 성 베네딕토는 그의 규칙서 말미에서 카시아누스의 작품들을 언급하고 있다.

* 요한 금구(344/354-407)　　안티오키아의 요한 또는 요한 크리소스토무스라고 불린다. 뒤의 이름은 '황금의 입'이라는 뜻으로 그의 사후 6세기부터 얻은 별칭이다. 일찍 남편을 잃은 어머니 안투사에게 양육받았으며 젊은 시절부터 수도 생활을 갈망하여 6년 동안

수도 생활을 하기도 하였다. 386년 사제품을 받았고 이후 12년 간 안티오키아에서 수많은 명강론을 남겼다. 398년 콘스탄티노플의 총대주교가 되어 교회의 개혁을 위해 매진하였으나 이 때문에 많은 적대자를 만들었고 황실의 사치를 꾸짖다가 적대자들의 모략으로 403년 이른바 '참나무 교회회의'에서 면직되어 유배되었다. 곧 귀환하는가 하였으나 404년 두 번째 유배길에 올랐고 407년 새로운 유배지로 가던 중 길 위에서 세상을 떠났다. 「마태오복음 강해」, 「사제직」, 「라자로에 관한 강해」 등을 비롯 많은 작품이 전하고 있다.

* **대 그레고리우스(540-604)** 로마의 귀족 아니키아 가문에서 540년 출생. 573년 로마의 행정관 perfectus Urbis에 올랐으나 578년 수도 생활에 투신하였다. 그의 재능과 덕을 눈여겨보던 베네딕투스 1세 교종에 의해 부제품을 받고 로마의 빈민, 고아와 과부들을 돌보았다. 579년 교종 펠라지우스 2세에 의해 콘스탄티노플에 교종 대사로 파견되었다가 586년 봄 로마로 귀환하였으며 590년 갑작스런 교종의 서거와 재해, 역병 등을 맞은 로마 시민들의 추대로 590년 교종좌에 오른다. 이민족들의 침입으로 무너져가는 로마를 "폭풍우 속에서 키를 잡고" 끌어나간 교종으로서 대 레오와 함께 "위대한"magnus이라는 칭호를 얻었다. 「사목규칙」, 「대화」, 「욥기의 도덕적 해설」 등의 작품이 있다.

세 번째 강의

탐식, 음식과 맺는
뒤틀린 관계

탐식, 모든 욕정의 어머니

이 시간에는 탐식에 대해 함께 생각해 보려고 합니다. 동방 교부인 요한 클리마쿠스*는 '천국의 계단'이라는 작품을 남겼는데 이 작품 때문에 그를 클리마쿠스라고 부릅니다. '클라이막스'라는 말은 우리에게도 친숙한데 이 말이 '계단'이라는 뜻이거든요. 하늘나라로 가는 여정을 계단에 비유해서 이야기하고 있는 이 작품에서 요한 클리마쿠스는 탐식에 대해 다루면서 "위험한 주인이지만 모두가 사랑하는 배에 대하여"라는 말로 시작합니다. 먹는 것은 다들 사랑하는데 그것이 실은 위험한 폭군이 될 수도 있다는 이야기이지요. 옛 수도승들은 많이 먹으려 하는 대식을 '배의 쾌락'이라 불렀고 먹는 것 자체를 즐기는 것을 탐식, 즉 '목구멍의 쾌락'이라고 불렀습니다.

"우리는 자주 음식의 질로 유혹을 받는다. 가령 많이 먹지는 않지만 아주 좋은 음식만 찾는 사람이 있다. 이런 사람은 좋아하는 음식을 먹을 때 그게 너무 좋아 오랫동안 입에 머금고 있다. 지금 누리는 즐거움이 너무 커서 차마 삼킬 엄두를 못 내고 계속 우물거리면서 머금고 있는 것이다. 이것이 '목구멍의 쾌락'이다. 반면 어떤 사람은 음식의 양에 유혹을 받는다. 좋은 음식을 찾지는 않지만… 먹는 것만 원한다. 무엇이든 상관없이 배를 채우는 데만 관심이 있다. 이것은 대식, '배의 쾌락'이다."[1]

가자의 도로테우스*라는 수도승의 말입니다. 여행지에 가면 꼭 맛집을 찾아다니고 방송에 소개된 유명한 음식은 꼭 먹어 봐야 돼, 이런 사람이 있는가 하면, 맛보다는 배가 부르게 먹는 것이 중요한 사람이 있지요. 탐식과 대식을 구분해서 보는 것도 일리가 있는 것 같습니다. 여러분은 어디에 속하십니까? 저는 아무래도 대식 쪽인 것 같습니다. 너무 좋아서 "차마 삼킬 엄두를 못 내고 계속 우물거리면서 머금고 있는" 게 이해가 안 가는 걸 보면요. 사실 먹지 않고 살 수 있는 사람은 없지요. 먹기는 먹되 적당하게 먹는 것, 절제하며 먹는 것은 쉽지 않은 일입니다. 요한 클리마쿠스가 배를 '모두가 사랑하는, 위험한 주인'이라고 부르는 것이 정말 공감이 됩니다. 어쨌든 앞으로는 탐식과 대식, 이 두 가지를 구분하지 않고 그냥 '탐식'이라고 부르겠습니다. 앞에도 나온 바 있습니다만 대 바실리우스는 "탐식은 모든 욕정의 어머니이다."라고 합니다. 여기서 궁금증이 하나 생깁니다. 왜 사람 사는 데 필수적인 '먹는 일'이 죄에 연계되고, 탐식은 더군다나 모든 욕정의 어머니라고까지 불릴까요? 먹는 일이 우리에게 정말 중요하기 때문입니다.

창세기에 나오는 아담과 하와의 원죄 이야기에서 보듯 원죄는 '먹는 행위'로 시작됩니다. 선악과를 먹음으로써 하느님의 명을 어기는 것이지요. 창세기나 탈출기 등을 보면 먹는 일과 죄스러운 행위가 자주 연관됩니다. 얼핏 떠오르는 것만 꼽아 보더라도 롯은 술에 취해 딸들과 근친상간을 저지르고, 에사우는 팥죽 한 그릇에 장자권을 야곱에게 팔아넘깁니다. 노아는 포도주를 마시고 알몸을 드러내고, 이스라엘 백성은 음식 때문에 파라오가 있는 이집트로 되돌아가고 싶어 합니다. 광야에서 먹을 것이 떨어지자 "파라오 밑에서 고생하더라도 고깃국을 배불리 먹던 그때가 좋았어!" 하며 옛날을 그리워했던 겁니다. 이렇게 먹는 것에서 죄를 짓는 이야기가 계속 나옵니다. 그래서 어떤 교부는 인간이 (선악과를) 먹음으로써 죄를 지었기 때문에, 인간이 먹음으로써 구원받도록 하시려고 하느님께서 음식으로 세상에 오신다고 이야기하기도 합니다. 성체성사 이야기지요. 사실 우리가 미사 때 성찬례에서 반복하여 듣는 말씀이 이 말씀이니까요.

"너희는 모두 이것을 받아 먹어라. 이는 너희를 위하여 내어줄 내 몸이다."

"너희는 모두 이것을 받아 마셔라. 이는 새롭고 영원한 계약을 맺는 내 피의 잔이니 죄를 사하여 주려고 너희와 많은 이를 위하여 흘릴 피다. 너희는 나를 기억하여 이를 행하여라."

인간의 첫 번째 죄, 즉 원죄를 보면 아담과 하와는 하느님의 명을 어기고 선악과를 따 먹습니다. 하느님의 명을 어기는 것은 스스로가 하느님이 되고 싶어서입니다. 하지만 바람과 달리 하느님처럼 되는 것이 아니라 그 반대가 됩니다. 창세기의 원죄 이야기 이후를 보면 카인은 아우를 죽이는 살인까지 저지릅니다. 그 이후에 나오는 등장인물들은 점점 무서운 죄를 저지르게 되지요. 하느님처럼 되기는커녕 짐승처럼 변해 갑니다. 그래서 먹는 것을 통해 짐승처럼 변해 버린 인간들이, 먹음으로써 구원받도록 하기 위해 하느님께서 세상에 오셔서 짐승들의 음식 그릇, 즉 구유 위에 놓였다, 이렇게 이야기합니다. 베들레헴의 마구간에 오신 예수 그리스도의 성탄 이야기입니다. 굉장히 깊은 내용이지요. 이제 에바그리우스의 설명을 들어 보겠습니다. 「여덟 악령」이라는 작품의 첫머리입니다.

"과일의 시작은 꽃이요 수행 생활의 시작은 절제이다. 배를 장악하는 이는 욕정들을 줄이지만 음식에 패하도록 맡기는 자는 쾌락들을 자라게 한다. 백성들의 첫째는 아말렉이고 욕정들의 첫째는 탐식이다. 불을 타게 하는 것은 장작이요 배를 위한 것은 음식들이다. 많은 장작이 큰 불을 낳으며 풍성한 음식은 음욕을 키운다. 장작이 떨어질 때 불이 꺼지며 음식이 떨어지면 정욕의 불이 꺼진다. 턱뼈를 쥔 자는 이방인들을 없앴고 자기 손을 묶고 있는 줄을 쉽게 끊었다. 턱뼈를 던져 버리자 샘물이 솟아났다. 탐식을 없앤 것은 실제적 관상을 낳았다. 천막의 말뚝은 천막을 스치면서 적의 턱을 부수었고 절제의 말은 정욕을 죽였다. 음식에 대한 욕구는 불순명을 낳았으며 달콤한 맛보기는 (원조들을) 천국에서 쫓아냈다. 음식의 다양함은 목구멍을 즐겁게 하나 잠들지 않는 방종의 벌레를 키운다 ("네 빵의 무게를 달고 물을 절제하여 마셔라. 음욕의 영이 네게서 달아날 것이다."). 비어 있는 배는 기도에 깨어 있게 하지만 만족한 배는 깊은 잠으로 이끈다."[2)]

절제, 탐식에 대한 처방

꽃이 피어야 과일이 열리듯이 수도 생활, 수행은 절제하지 않으면 시작할 수도 없다는 이야기입니다. "탐식은 모든 욕정의 어머니"라고 말한 대 바실리우스의 예를 따라서 에바그리우스는 "욕정들의 첫째는 탐식"이라고 합니다. 에바그리우스는 대 바실리우스의 제자입니다. 대 바실리우스에게서 독서직을 받았거든요. 재미있는 것은 대 바실리우스가 세상을 떠난 뒤 에바그리우스가 바실리우스의 절친한 벗이었던 나지안주스의 그레고리우스*를 스승으로 섬겼다는 것입니다. 대 바실리우스와 나지안주스의 그레고리우스는 그리스도교 역사에서 친한 벗의 대명사처럼 일컬어집니다. 그리스도교의 관포지교管鮑之交라고나 할까요. 유교 문화권에서 관중管仲과 포숙아鮑叔牙를 우정의 대명사처럼 여기는 것과 같습니다. 대 바실리우스가 죽은 이후 그레고리우스는 "우리는 두 몸에 깃든 한 영혼이었다."는 말을 남겼을 정도니까요. 제국의 정치가 교회에 간섭하고 이단적인 가르침 때문에 사분오열된 교회의 현실을 바로잡기 위해 동분서주하던 대 바실리우스가 세상을 떠나고 이태 뒤에 교회의 일치를 촉진하려는 콘스탄티노플공의회가 열렸을 때 그 좌장을 맡았던 이가 그의 절친인 나지안주스의 그레고리우스였습니다.

다시 에바그리우스로 돌아가 보겠습니다. 수도 생활은 우선 음식에 대한 절제로 시작됩니다. 백성들의 첫째는 아말렉족이기 때문입니다. 좀 수수께끼 같은 말이지요. 이 말은 모세의 영도로 홍해를 건넌 이스라엘 백성이 처음 만난 이민족이 아말렉족이라는 뜻입니다. 홍해를 건너는 일은 세례를 받는 것, 즉 그리스도인이 되는 것을 가리킵니다. 말하자면 그리스도인들이 세례를 받은 다음 이스라엘 백성이 가나안 땅에 들어가기 위해 광야를 헤매듯이 하느님 나라를 향한 여정을 걸어야 하는데 그 가운데 여덟 이민족들의 공격(여덟 가지 악한 생각들의 유혹)에 맞서야 한다는 이야기입니다. 그리고 그 첫째가 탐식의 공격인 겁니다. 대 그레고리우스 교황 역시 같은 뜻의 말을 남겼습니다. "먼저 우리 안에 있는 적인 탐식을 이기지 못하면 영적 투쟁을 시작할 수 없다. 우리에게 가장 가까이 있는 원수들을 물리치지 못하면 멀리 있는 원수들과 싸우러 가는 일은 쓸데없는 일이다." 대 그레고리우스는 젊었을 때 수도 생활을 하면서 단식과 밤샘 등 철저한 수행을 행했는데 이는 뒤에 병고의 원인이 됩니다. 그의 어머니 실비아가 음식으로 푸성귀 같은 것들을 만들어 보냈다고 하지요. 대 그레고리우스의 어머니 실비아 역시 성녀로 공경받는 분입니다.

턱뼈나 천막 이야기는 판관기에서 가져온 내용입니다. 당나귀 턱뼈 하나로 필리스티아인들을 수없이 처치한 삼손처럼 턱뼈를 장악한 자는, 즉 탐식을 제어할 수 있는 자는 제 손을 묶은 줄을 끊고 자유로워진다는 말입니다. 아말렉족이 탐식이 되고 삼손의 당나귀 턱뼈가 탐식에 대한 이야기로 바뀌는 이런 식의 성서 해석을 우의적 해석법이라고 합니다. 문자 너머에 숨은 뜻이 있다고 보는 입장인데요, 어쨌든 나의 턱뼈를 장악하는 것은 쉬운 일이 아닙니다. 당나귀 턱뼈 하나로 수많은 필리스티아인을 처치한 삼손이라 하더라도 자기 턱뼈 장악하기는 힘들었을 거예요. 그래서 에바그리우스는 음식을 줄여야 한다고 말합니다. 이는 탐식이 또 다른 결과를 낳기 때문입니다. 장작이 많으면 불이 크게 일어나듯이 많은 음식으로 배를 채우면 음욕이 생겨나기 때문에 정욕의 불을 끄려면 음식을 절제해야 한다는 겁니다. 탐식과 음욕 사이의 밀접한 관계는 일찍부터 강조되고 있는데 요한 클리마쿠스는 탐식이 "나의 첫아들은 음란의 영이다!"라고 한다고 기록하고 있습니다. 요한 클리마쿠스의 말을 더 들어 보겠습니다.

"자기 배를 만족시키는 사람, 동시에 음란의 영을 이겼다고 여기는 사람은 기름으로 불을 끄려는 사람과 같다. …(탐식의) 마귀는 종종 배 속에 자리를 잡고앉아서 누가 이집트 전체를 삼키고 나일강 물을 다 마시더라도 배부름을 못 느끼도록 만든다는 것을 알아야 한다. 음식을 먹은 뒤 저 저주받을 마귀는 몸을 빼낸 다음 우리에 맞서 음란의 마귀를 보낸다. 벌어지고 있는 흐름 속에 그를 태워 보내며 말한다. '이 자를 붙들어라, 이 자를 붙들어서 괴롭혀라. 이제 그의 배가 찼으니 힘들지 않게 네 일을 할 수 있을 것이다!' 음란의 마귀는 가까이 와서 우리 손발을 졸음으로 묶고, 영혼과 육신을 부정한 것으로 물들게 하면서 제가 바라는 것을 다 행한다."[3]

"이집트를 통째로 삼키고 나일강 물을 다 마시더라도!" 재미있는 말입니다. 사람의 욕심이 얼마나 큰가! 하는 이야기입니다. 우리 식으로 바꾸면 "백두산을 통째로 삼키고 동해물을 다 마시더라도" 정도가 되겠지요.

"나는 먹는 걸로 스트레스를 풀어"

오늘날에는 탐식이 더 이상 옛날과 같은 죄로 여겨지지 않습니다. 우리에게는 음식에 대한 상반된 태도가 있는 것 같기도 합니다. 저녁 때 텔레비전을 켜 보면 온갖 음식과 맛집들 이야기입니다. '쉐프'들이 나와서 화려한 솜씨로 요리를 하는 장면들이 나옵니다. 그러나 다른 한편으로 살을 빼는 온갖 방법들, 과일 다이어트니 황제 다이어트니 원 푸드 다이어트니 하는 것들이 사람들에게 중요한 관심사입니다. 한편으로는 음식을 대단한 것으로 떠받들고 있는 것 같은데 다른 편에서는 음식 자체에 대한 두려움이 있지요. 어디선가 이런 글을 읽은 적이 있습니다.

"한편에서는 너무 많은 음식을 먹는다. 그 귀결로 비만이 되며, 육체의 건강을 잃고, 과체중이 나타난다. 그러면 다이어트, 치료, 살을 빼기 위한 운동이 따라온다. 다른 쪽에서는 너무 적게 음식을 먹고, 거식증拒食症에 걸리며, 육체의 건강을 잃고, 저체중이 된다. 그러면 다이어트, 치료, 살을 찌우기 위한 육체적 운동을 해야 한다…"

우습기도 하고 애처롭기도 한 이야기입니다. 대체 이런 모습은 왜 생기는 것일까요? 탐식이나 거식은 우리가 음식과 맺는 관계가 어그러지는 것이라 할 수 있습니다. 음식과 맺는 관계가 우리의 어려움을 푸는 수단으로 드러나는 것이지요. 애정이나 정서에 채워지지 않은 문제가 있을 때 그것이 많은 양을 먹는 탐식의 모습으로 드러나거나 먹어야 하는 음식을 거부하는 거식의 모습으로 드러납니다. 몇 년 전 이탈리아의 의류 브랜드 베네통에서 거식증에 걸린 프랑스 모델을 광고로 써서 큰 화제를 일으킨 적이 있지요. 비참할 정도로 마른 그 여성이 우리가 뉴스에서 자주

대하는 아프리카의 가난한 나라 사람이 아니라는 것이 충격으로 다가왔던 것 같습니다. 어쨌든 탐식은 우리의 깊은 원의가 채워지지 않은 채 숨어 있다가 우리에게 반격을 가하는 것이라 할 수 있을 것 같습니다. 탐식이나 거식은 음식에 대해 마구 흔들리는 모습으로 드러나는 애정의 문제들인 거지요. 음식이 사랑을 대체하는 거라고 할까요.

사랑은 얻을 수 없지만 음식은 손 닿는 곳에 있습니다. 자연스럽게 음식에 손이 갑니다. 음식이 내 고통을 숨기는 수단이 되는 거예요. "나는 먹는 걸로 스트레스를 풀어." 이런 말을 흔히 듣는데 저도 언젠가 연피정을 들어갔다가 그런 체험을 한 적이 있어요. 저는 평소에는 간식을 잘 안 하는 편인데 피정 시작하고 며칠 안 돼서 저녁마다 간식방에 가 있곤 하는 저를 발견했습니다. 이건 대체 뭔가? 들여다보았더니 피정이라 대침묵을 해야 해서 말을 할 수 없고 종일 기도하고 영적 지도자 만나서 면담하는 것 외에는 제 맘대로 할 수 있는 게 없었던 거예요. 제 맘대로 할 수 있는 일로 간식을 먹는 것, 입을 놀리는 방법을 찾았던 겁니다. 입은 먹고 말하고 입을 맞추는 곳, 즉 섭생과 소통과 애정 표현을 하는 기관이지요. 이런 것이 음식 먹는 행위에 상징적으로 담깁니다. 우리가 살기 위해서 먹는다고 할 때 탐식은 목적과 수단이 뒤집히는 일이라고도 할 수 있습니다.

"배고픈 사람으로 살라" Stay hungry

탐식은 우리가 무엇을 선택하는가를 보여 줌과 동시에 우리가 참으로 필요로 하면서도 실상은 내버려 두고 있는 것이 무엇인가를 보여 줍니다. 탐식에 맞선 싸움은 참으로 어렵습니다. 에바그리우스는 탐식에 대한 처방을 '절제와 단식'이라고 합니다.

"탐식가의 눈은 잔치를 찾아 돌아다니지만 절제하는 이의 눈은 지혜로운 이들의 모임을 찾는다. 탐식가의 마음은 순교자들의 기억을 헤아리나 절제하는 이의 마음은 그들의 삶을 본받는다. 겁 많은 군인은 전쟁 소집 나팔 소리에 떨고, 탐식하는 자는 단식이 선포되면 두려워한다. 탐식하는 수도승은 배에 종속되고 배에 채찍질당하여 매일매일 세금을 요구한다. 빠른 여행자는 도시에 빨리 도착하며 절제하는 수도승은 평화의 상태에 빨리 이른다. 게으른 여행자는 사막의 양 우리에서 밤을 지낼 것이고 탐식하는 수도승은 욕정에서 자유로운 거처에 이르지 못할 것이다. 분향의 거품은 공기를 향으로 채우고 절제하는 이의 기도는 신적 촉감으로 채운다. 그대가 음식에 대한 욕망에 자신을 맡긴다면 그대의 쾌락을 채우기에 충분한 것은 아무것도 없다."[4]

단식이란 단지 끼니를 거르는 것이 아니라, 음식 자체로부터 거리를 둠으로써 자기 자신을 대면하는 것입니다. 음식을 넘어 내 삶에 정말 필요한 것이 무엇인가를 식별하기 위해 단식을 하는 거지요. 탐식가는 배에 딸린 몸이라 채찍질에 굴복하여 매일매일 세금을 바쳐야 하지만 절제하는 사람은 우리를 닦달하는 욕구 너머에 무엇이 숨어 있는가를 알게 됩니다.

마태오 복음서에서는 "단식하고 있다는 것을 사람들에게 드러내 보이지 말고 숨어 계신 네 아버지께 보여라."(마태 6,18)라고 합니다. 그렇게 하면 숨겨진 일을 보시는 아버지께서 갚아 주신다고 합니다. '숨어 계신 아버지', '숨겨진 일을 보시는 아버지'는 어쩌면 우리가 단식을 함으로써 만나게 되는 하느님, 내게 정말로 필요한 것이 무엇인지를 가르쳐 주시는 하느님이 아닌가 싶습니다. 마르코 복음에서 예수님은 혼인 잔치 손님들이 신랑과 함께 있는 동안에는 단식할 수 없으며 신랑을 빼앗길 날이 올 터인데 그때는 단식할 것이라고(2,19-20 참조) 말씀하시지요. 우리 삶에 기쁨과 의미를 주는 신랑, 그 신랑을 다시 찾기 위해 하는 단식입니다. 애플의 창업자로 일세를 풍미했던 스티브 잡스*가 2005년 스탠포드대학교 졸업식에서 했던 연설이 생각납니다. 그는 학업을 마치고 세상으로 나가는 졸업생들에게 말했었지요. "배고픈 사람으로, 어리석은 사람으로 살아라!"Stay hungry, stay foolish! 이미 배를 가득 채운 사람으로, 모든 것을 이미 알고 있는 사람으로 살지 말라는 말입니다. 그런 사람은 이미 탐식에 절여진 영혼이니까요.

* **요한 클리마쿠스(579?-649?)** 　그의 삶에 대해 알려진 바는 많지 않다. 시나이의 남서부에서 수도승으로 살았으며 60세에 수도원장이 된 것으로 본다. 클리마쿠스라는 이름은 그가 남긴 작품 「천국의 계단」klimax tu paradeisu에서 유래한 것이다. 요한 클리마쿠스는 30개의 계단(또는 장章)으로 이루어진 이 작품에서 수도승들이 피해야 할 악덕과 행해야 할 덕에 대해 설명하고 있다.

* **가자의 도로테우스(505-565)** 　안티오키아의 그리스도인 가정에서 태어났다. 525년 경 세리도스 수도원에 들어가 바르사누피우스와 요한의 가르침을 받았다. 팔레스타인 수도승 전통을 종합한 인물로 평가받는다.

* **나지안주스의 그레고리우스(329-390)** 　나지안주스의 주교였던 그레고리우스와 독실한 신앙인 논나 사이에서 태어났다. 평생의 지기 대 바실리우스와 비슷한 교육 과정을 밟았으나 고독을 사랑하고 보다 사변적인 성격을 타고 난 탓에 세상으로부터 벗어났다가 요구에 못 이겨 다시 돌아오는 삶을 살았다. 고대 그리스도교의 역사에서 가장 뛰어난 연설가 가운데 하나로서 '그리스도인 데모스테네스'라고 불리었다. 대 바실리우스와 함께 수도 생활을 하며 「필로칼리아」를 편집하기도 했으나 아버지의 강권에 못 이겨

362년에 사제로 서품된다. 374년 아버지의 죽음 이후 나지안주스의 주교가 되었고 381년 콘스탄티노플 공의회가 열렸을 때 콘스탄티노플의 주교로서 공의회를 주재하였다.

* 스티브 잡스(1955-2011)　　1955년 미국 캘리포니아주 샌프란시스코에서 출생. 1976년 스티브 워즈니악, 로널드 웨인과 함께 애플을 공동 창업하였고 이후 개인용 컴퓨터를 대중화하였으며 아이폰, 아이패드 등 혁신적인 제품들을 내놓았다. 컴퓨터 애니메이션 기업인 픽사를 헐리우드 최고의 애니메이션 회사로 키웠다. 2011년 10월 췌장암으로 세상을 떠났다.

네 번째 강의

음란, 육체와 맺는
뒤틀린 관계

에로스와 아가페

이 시간에는 '여덟 가지의 악한 생각' 가운데 두 번째 '음란'에 대해 살펴보려고 합니다. 먼저 요한 카시아누스의 말을 들어 보겠습니다.

"조상들의 전통에 따르면 두 번째 싸움은 음란의 영에 맞서는 것이다. 가장 길고 오랫동안 이어지며 이것을 결정적으로 이긴 사람은 매우 적다. 끝없는 싸움이다."[1)]

'끝없는 싸움'이라는 말에서 일종의 비장함 같은 것이 느껴지는 것 같습니다. 사실 인간은 육을 가진 존재이기 때문에 이 육적인 유혹은 우리가 살아 있는 동안 계속되는 거지요. 육체적인 사랑을 우리가 보통 에로스라고 부르지 않습니까? 요한 복음 21

장에 나오는 예수님과 베드로의 유명한 대화에서 "베드로야, 네가 이 사람들보다 더 나를 사랑하느냐?" 하면서 세 번 물으시는 대목을 다들 기억하실 거예요. 우리말 성경에는 세 번 다 '사랑'이라는 말로 나오지만 처음 두 번은 신적인 사랑을 뜻하는 말로 물어보신다고 하지요. 아가페라는 말입니다. 그리스 사람들은 결핍된 존재가 하는 사랑이 에로스라고 보았답니다. 그 사람들 생각에는 인간이 원래 자웅 동체였다고 해요. 남자와 여자가 한 몸이었는데 나중에 분리되어 버려서 남자는 여자를 그리워하고, 여자는 남자를 그리워한다는 이야기입니다. 그러고 보면 '나의 반쪽'이라고 하는 말이 실은 아주 오래된 역사를 가진 말인 거지요. 어쨌든 육적인 사랑, 에로스는 나에게 없는 것, 결핍된 것을 찾는 사랑입니다. 이미 결핍된 존재이기 때문에 계속 사랑을 찾아 헤매는 존재가 사람이라고 한다면, 하느님은 전혀 다릅니다. 하느님께는 부족한 것이 없거든요. 하느님은 이미 완전한 분입니다. 그래서 하느님이 하는 사랑은 결핍을 채우기 위해 하는 사랑이 아니라 좀 다른 형태의 사랑입니다. 바라는 것 없이 그저 무상으로 베풀어 주시는 사랑입니다. 이것이 아가페이지요. 요컨대 에로스는 부족한 존재들의 사랑이라 상대가 필요합니다. 다른 말로 하면, 에로스는 우리를 관계로 초대합니다. 그러나 이때 관계가 부정되어 버리면 성은 왜곡되어 음란, 간음이 됩니다. 내가 육체와 맺는 관계가 왜곡된 것이라고도 말할 수 있겠습니다. 앞선 시간에 탐식은 음식과 맺는 관계가 왜곡된 것이라고 한 적이 있지요. 그에 비해 음란은 우리가 육체와 맺는 관계가 왜곡된 것인데 둘 다 몸의 필요와 연관됩니다. 에바그리우스의 말을 들어보겠습니다.

"절제는 자제를 낳지만 탐식은 무절제의 어머니이다. 기름은 등잔 심지를 적시고 여인들과의 대화는 쾌락을 일으킨다. 운동선수가 경기를 위해 그러듯이 음란은 배부름을 취할 것이다. 그것을 멀리하라. 그러지 않으면 그것은 적들과 한패가 되어 끝까지 그들과 함께 (그대에 맞서) 싸울 것이다."[2]

에바그리우스가 이렇게 음란에 대해 경고할 때 어쩌면 자신의 체험을 반추해 보았을지도 모르겠습니다. 그는 흑해 연안 폰투스 지방에서 주교의 아들로 태어났습니다. 주교의 아들이라는 말은 좀 생소합니다만 사제 독신제가 법제화된 것은 12세기에 이르러서이지요. 그는 일찍부터 뛰어난 교부들인 대 바실리우스, 나지안주스의 그레고리우스에게서 배웠습니다. 스승 복이 있는 사람이라고나 할까요. 서른다섯이 되던 380년에 스승 그레고리우스와 함께 콘스탄티노플로 가게 됩니다. 스승이 콘스탄티노플,

즉 동로마 제국 수도의 주교가 되었거든요. 에바그리우스는 스승을 도와 381년 콘스탄티노플 공의회에서 큰 활약을 하게 됩니다. 이때 에바그리우스는 한 고관 부인과 사랑에 빠졌다고 해요. 고관의 부인이니까 발각되면 큰일이지요. 에바그리우스는 이 때문에 생길 일을 꿈에서 보고 무서워져서 콘스탄티노플을 빠져나와 예루살렘으로 갑니다. 예루살렘에서 그는 올리브산에 있는 수도원에 맞아들여지는데 이곳은 루피누스*와 멜라니아*라는 귀부인이 세운 수도원이었습니다. 그러나 옛 생활을 뉘우치고 마음을 다잡았던 것도 잠시, 에바그리우스는 다시 젊은 여인을 찾아 나섭니다. 그리고 얼마 안 되어 죽을병에 걸리지요. 덕이 높은 하느님의 사람이었던 멜라니아는 에바그리우스에게 말합니다. 이것은 하느님이 보내신 병인데 에바그리우스가 뉘우치고 수도 생활을 택한다면 나을 거라고 전해 준 겁니다. 과연 에바그리우스가 옛 삶을 버리고 수도 생활을 택하겠다고 하자 병은 씻은 듯이 나았고 그 뒤, 에바그리우스는 이집트로 들어가 세상을 떠날 때까지 수도승으로 살았습니다. 삼국유사에 나오는 조신의 꿈*과도 비슷한 이야기인데요, 마을의 지체 높은 아가씨를 연모하던 스님이 꿈속에서 여러 가지 것을 보고 마음을 돌이켜 도를 닦는 데 전념하게 되었다는 이야기입니다. 두 이야기가 비슷한 것은 시간의 고금, 장소의 동서를 막론하고 인간의 고민과 어려움은 크게 다르지 않다는 뜻일 겁니다. 음란에 대한 에바그리우스의 가르침을 다시 들어 보겠습니다. 에바그리우스의 체험을 염두에 두고 들어 보면 좀 더 실감이 날 거예요.

"젊은 여인에게 다가가느니 불에 다가가는 것이 낫다. 그대도 젊기 때문이다. 실상 그대가 불에 가까이 가면 고통을 느끼고 즉각 뛰어 물러난다. 그러나 여인들의 이야기에 달콤함을 느낀다면 멀어지는 것은 쉽지 않다. 물가에 자라는 풀이 꽃을 피우듯 여인들과 함께하는 가운데 무절제의 욕정이 자라난다. 배를 채우면서 절제한다고 외치는 이는 지푸라기로 불의 힘을 막았노라 말하는 자와 같다. 사실 그루터기에서 타오르는 불의 힘을 잡기가 불가능한 것처럼, 배부름으로 불붙은 방종의 힘을 멈추게 하는 것은 불가능하다. 기둥이 기초 위에 놓이듯 음란의 욕정은 배부름 위에 쉰다. 폭풍우에 시달리는 배가 항구를 향해 서두르듯이 지혜로운 자의 영혼은 고독을 찾는다. 사실 저 배는 위험을 가져오는 바다의 파도를 피해 달아나고 저 영혼은 멸망을 낳은 여성들의 모습을 피하는 것이다. 잘 꾸민 (여인의) 모습은 저 뱃사람의 심연보다 더 나쁜 심연이니 바다의 심연은 살겠다는 일념으로 헤엄쳐 이겨 낼 수 있으나 여성의 모습은 속이며, 생명 자체를 경멸하도록 이끈다. 사막의 덤불은 불꽃을 피해 있으므로 타 버리는 일이 없으며, 여인들로부터 멀리 있는 정결한 사람은 무절제의 욕정에 의해 타 버리지 않는다. 사실 불의 기억이 정신을 태우지 않듯이 재료가 없다면 욕정 역시 힘을 가질 수 없다."[3)]

소유와 물화物化

정말 생생한 체험에서 나오는 말 같습니다. 여성 독자들의 눈에는 불편할 수도 있을 거예요. 천육백여 년 전 수도승들을 대상으로 쓰인 작품이라는 것을 염두에 두셨으면 좋겠습니다. 그리고 음란이란 인간 보편의 문제이기 때문에 여성 독자들은 본문에 나오는 '여인'을 '남자'로 바꿔 읽으시면 좋겠습니다. 가령 젊은 '남자'에게 다가가느니 타오르는 불에 다가가는 것이 낫다, 이런 식으로요. 에바그리우스는 불을 기억한다고 해서 정신이 타 버리는 일이 없는 것처럼 욕정 역시 불쏘시개가 되는 재료가 없다면 힘을 쓰지 못한다고 말합니다. 예수님도 "음욕을 품고 여자를 바라보는 자는 누구나 이미 마음으로 그 여자와 간음한 것이다."(마태 5,28)라고 하셨는데 탐식과 음란은 우리 오감이 모두 관계한다는 공통점이 있습니다. 그 순서는 시각, 후각, 청각, 미각, 촉각의 순서입니다. 시작은 보는 것, 즉 시각입니다. 창세기의 원죄 이야기를 봐도 하와가 선악과를 바라보는 일이 죄에 빠지게 하는 데 큰 역할을 하지요. 보고 냄새 맡고 듣고 맛보고 결국 만지는 일로 귀결됩니다. 이것은 에로스적 사랑의 필연적인 귀결이겠지요. 이 에로스적인 사랑은 너를 소유하고 싶은 열망이기도 하니까요. 박남수* 시인의 시 가운데 '새'라는 작품이 있어요. 저는 이 시를 무척 좋아하는데 끝부분은 깊은 뜻을 담고 있는 것 같습니다. 그 시구는 이렇습니다.

포수는 한 덩이 납으로
그 순수를 겨냥하지만,
매양 쏘는 것은
피에 젖은 한 마리 상한 새에 지나지 않는다.

포수가 나뭇가지에 앉은 새를 바라봅니다. 날렵한 날개와 부리, 아름다운 깃털. 포수는 욕심이 납니다. 그 새를 소유하고 싶어집니다. 총을 겨누고 방아쇠를 당깁니다. 탕! 부리나케 달려가서 땅에 떨어진 새를 들어 올리지만 그것은 다만 새의 죽은 몸뚱이일 뿐 포수가 바라보고 매혹되었던 그 새는 아닙니다. 사람은 영적인 존재이며 우리가 소유할 수 있는 무엇이 아니지요. 그러나 우리는 사람에게 매혹되고 사람을 소유하려고 합니다. 마치 그럴 수 있는 것처럼 생각하기 때문입니다. 앞서 음란은 우리가 육체와 맺는 관계가 왜곡된 거라고 했습니다만, 사람이 음란에 사로잡힐 때는 나의 충동에 사로잡혀 다른 사람을 마치 물건처럼 나의 쾌락을 위해 사용하고 소유하려고 하는 것입니다. 인간을 물화物化한다고 말할 수 있습니다. 영적인 존재인 인간을 마치 물건처럼 만들어 버린다는 이야기이지요. 본래 '물화'reification라는 말은 마르크스가 사용한 용어인데 물건이라는 뜻의 라틴어(res)에서 온 거라고 해요. 자본주의 사회에서 모든 것이 돈을 매개로 사고파는 대상이 됨으로써 사람 또한 물건처럼 여기는 현실을 가리키는 용어지요. 사람이 인격으로 대우받지 못하고 물건처럼 취급받는 모습을 말하는 것입니다.

요즘은 어린 사람들도 화장하는 것을 흔히 볼 수 있습니다. 중고등학생들만이 아니라 초등학교 고학년 여자아이들이 화장하고 다니는 것 보신 적 있지요? 근래에는 젊은 남성들도 화장을 한다고 하는데 이것은 이들이 자신의 육체가 상품으로 팔린다는 것을 본능적으로 알고 있다는 반증이 아닐까 싶기도 합니다. 취업이나 다른 인간관계에서 외모가 중요하게 여겨지는 것이 우리 사회의 현실인데요, 그런 면에서 우리 시대는 육체를 중요하게 여기고, 더 나아가 육체만을 중요하게 여기는 것 같기도 합니다. 다들 들어 보셨겠지만 '식스팩'이라든가 '초콜릿 복근', '꿀벅지' 같은 말들은 육체의 우상화, 음란이 우리 시대의 특징 가운데 하나임을 보여 줍니다.

물화는 바로 소유와 연결됩니다. 사람이 매혹적인 것은 그 안에 하느님의 모습을 품고 있기 때문인데 우리는 마치 스스로가 하느님인 것처럼 사람을 소유하려고 합니다. 자식을 제 소유물처럼 여기는 부모들도 많지요. 이런 모습은 일종의 신성 모독에 해당하는 것이 아닐까, 생각해 볼 때가 있습니다. 자녀를 제 욕심이나 원의를 이루는 대상으로 여기는 경우도 보게 됩니다만 이럴 경우 자녀들이 겪는 고통은 말할 수 없이 크지요. 자아가 부정되기 때문입니다. 사람들을 영적으로 돕고 동반해 주는 영적 지도자들에게는 중요한 원칙이 있습니다. 동반하는 이가 영적 지도자를 의지하게 만들어서는 안 된다는 것인데요, 왜냐하면 영적 동반의 목표가 그 사람이 제 발로 서서 걸어갈 수 있도록 도우려는 것이기 때문입니다. 나를 의지하게 만드는 것은 그가 나 없이는 살 수 없게 되어 결국 그를 내가 소유하는 쪽으로 귀결되기 때문입니다. 자녀들이 제 발로 서서 걸어가도록 해 주는 것, 제 인생을 살아가도록 도와주는 것이 부모들의 역할입니다. 그렇지 않다면 그것은 육적인 사랑에 그쳐 자녀의 인생을 망치는 일이 되어 버릴 겁니다. 음란이 육체를 말 그대로 소유하려고 하는 것이라면, 육적인 사랑 역시 누군가를 소유하려는 것이라는 이야기입니다.

　에로스가 우리를 관계로 초대하는 것임을 앞서 보았습니다. 성은 타인에게 나의 존재 전체를 선물로 내어 주고 또 상대를 그렇게 받아들이는 것과 연관됩니다. 그러나 우리가 자기 욕망에 과도하게 집중하게 되면, 우리가 가진 성적인 힘은 사람에게서 성(육체)을 분리해서 나의 욕망을 만족시키고 상대를 소유하려는 음란으로 전락하게 됩니다. 이런 의미에서 근래 활발해진 미투 운동은 여성을 사람으로 존중해야 한다는 의미를 품고 있다고 생각합니다. 인간을 수단이 아니라 목적으로 대우하자는 휴머니즘이 바탕에 있다는 거지요. 하지만 인간을 인간으로 대한다는 것이 실은 간단한 문제가 아닌 것 같아요. 요즘 미투 운동 때문에 모든 남성을 잠재적인 가해자로 보는 것이 아닌가 하는 걱정도 있고, 또 여자 대 남자 식의 대결 구도로 몰고 가는 움직임도 있는 것 같은데 이는 여자 대 남자의 문제가 아니라 인간의 문제로 봐야겠지요. 여성들이 불행할 때 남성들만 행복할 수 없는 일이고, 남성들이 불행할 때 여성들만 행복할 수도 없는 거니까요. "남성의 삶은 여성들과 어떤 관계를 맺느냐에 달려 있어요." 연전에 어떤 신부님이 제게 해 주신 말입니다. 생각할수록 깊은 뜻을 담은 말인 것 같아요. 역도 성립합니다. "여성의 삶은 남성들과 어떤 관계를 맺느냐에 달려 있다." 당연합니다. 남성과 여성이 각각 세상의 반을 이루고 있으니까요. 다만 그 관계는 서로를 존중하는 인격적인 관계여야 합니다. 요한 카시아누스는 음란에 대한 처방으로 마음의 순결을 말합니다.

"실상 이 악을 교정하는 데는 마음의 정화가 가장 중요하다. 주님의 말씀이 가르치듯이 이 병의 기원인 독은 마음에서 나오기 때문이다. '마음에서 나쁜 생각들, 살인, 간음, 불륜, 도둑질, 거짓 증언, 중상이 나온다.'(마태 15,19) 그러므로 우리가 가장 먼저 정화해야 하는 것은 바로 마음이다. '무엇보다도 네 마음을 지켜라. 거기에서 생명의 샘이 흘러나온다.'(잠언 4,23)라고 말한 솔로몬의 말을 통해 우리가 알고 있듯이 삶과 죽음의 샘이 솟아나는 곳이 바로 여기이기 때문이다. 사실 육은 마음의 명령인 원의를 따른다. …그러므로 무엇보다 먼저 온갖 주의를 다해 우리 마음의 심부深部를 정화해야 한다. 저 운동선수들이 육에서 얻고자 하는 순결을, 우리는 주님께서 자리 잡고 있는 우리 마음의 비밀 속에서도 얻어야 하기 때문이다. 주님께서는 우리 마음속에서 심판과 판관으로서 우리의 달리기와 싸움을 지켜보고 계시다."[4]

카시아누스는 마음의 순결과 함께 육적인 절제도 필요하다고 말합니다. 음란은 탐식과 같은 뿌리에서 나오고 영과 육이 함께 작용해서 태어나는 것이기 때문에 영과 육이 협력해야만 음란을 이길 수 있다고 보는 거예요. 그리고 육의 절제의 예로서 단식과 밤샘, 지속적인 육체노동을 하라고 권합니다.

명하는 바를 주십시오, 원하는 바를 명하십시오

고백록에 나오는 아우구스티누스의 회심 과정을 보면 성인이 이 육적 유혹과 맞서 싸우는 모습이 손에 잡힐 듯 생생하게 드러나 있습니다. 아우구스티누스는 열일곱 살 무렵부터 한 여인과 동거를 시작해서 오랫동안 함께 살았는데 그 여인과의 사이에 아들을 하나 두기도 했습니다. 그가 온전히 하느님께 돌아서는 데 마지막 장애는 육욕이라는 '사슬'이었어요. 14년 동안 부부생활을 해 왔던 사람이었기 때문에 그가 육욕과 싸우는 과정은 눈물겹습니다. 주님께 절제할 힘을 청하면서도 "지금은 주지 마십시오."라고 청했다든가, 육욕이 옷자락을 붙들고 "이제 우리는 함께할 수 없는 거야?" 속삭인다든가 하는 표현이 고백록에 보면 나오지요. 아우구스티누스는 이런 자기 상태를 "뒤집힌 의지에서 육욕이 생겼고 육욕을 섬기는 가운데 관습이 생겼고 관습에 저항하지 않다 보니 필연이 되었다."고 적고 있어요. 결국 아우구스티누스는 육의 사슬에서 벗어나 하느님께 돌아서는 회심의 길을 걷게 됩니다. 「고백록」 제 10권에는 이와 관련된 유명한 아우구스티누스의 기도가 있습니다.

"저의 모든 희망은 헤아릴 수 없이 크신 당신의 자비에 있습니다. 명하는 바를 주시고 원하는 바를 명하십시오. 당신은 절제를 명하십니다. 어떤 이가 말하기를 '하느님께서 허락하지 않으시면 누구도 절제할 수 없으니, 이 선물이 어디서 오는지 아는 것, 그것도 지혜의 표지이다.' …당신 때문에 사랑함이 없이, 당신과 함께 다른 것을 사랑하는 사람은 당신을 덜 사랑하는 사람입니다. 오, 결코 꺼지지 않고 타오르는 사랑, 나의 하느님이시여, 저를 불태워 주십시오. 당신은 절제를 명하시니, 명하는 바를 주십시오. 원하는 바를 명하십시오."[5]

하느님께서 우리에게 어떻게 살라고 명하신다면 그것은 계명입니다. 그러나 그렇게 살 수 있는 것은 우리 힘이 아니라 하느님께서 주시는 힘, 은총입니다. 그래서 결국 음란을 이기는 데는 우리의 힘이 아니라 하느님의 은총을 청하는 기도가 필요하다는 이야기가 되지요. 요한 클리마쿠스는 너의 무능함을 받아들이고 그것을 주님께 드리면 정결의 선물을 받게 된다고 말합니다. 나를 드리고 하느님을 받는 것, 이것이 실은 기도입니다.

"자기 힘으로 자기 육을 이기려는 자는 헛된 수고를 할 뿐이다. 사실 주님께서 육의 집을 부수고 영혼의 집을 짓지 않으시면 그것을 부수려는 자의 단식과 밤샘도 헛되다. 그대의 무능력을 온전히 이해하고 그대의 약한 본성을 주님께 드리라. 그리하면 그대가 모르는 사이에 정결의 선물을 받게 될 것이다."[6]

* **루피누스(345?-411)** 아퀼레이아의 루피누스라고 불린다. 수도승이자 역사가, 오리게네스 작품들의 라틴어 번역자로 알려져 있다. 열다섯 살에 로마 유학, 이때 히에로니무스와 친구가 된다. 368년 고향인 아퀼레이아에 돌아와 수도 생활을 시작하지만 373년 그리스도교 수도 생활의 고향이라 할 이집트로 떠나 오리게네스, 아타나시우스, 카파도키아 교부들을 접하게 된다. 377년 예루살렘으로 가서 노 멜라니아와 함께 올리브 산에 세운 남녀 수도원을 돌보았으며, 390년 예루살렘의 주교 요한에 의해 사제로 서품되었다. 393년 에피파니우스가 오리게네스를 이단으로 공격하고 히에로니무스도 이에 가세하자 398년 로마로 돌아온 루피누스는 오리게네스 편에 서서 그의 「원리론」을 번역하게 된다. 410년 로마가 약탈된 이후 411년 시칠리아로 피신하여 그곳에서 세상을 떠났다.

* **멜라니아(350-410?)** 손녀인 멜라니아와 구별하여 노 멜라니아라고 부르기도 한다. 남편과 두 자녀를 잃은 후 365년 예루살렘으로 떠나, 이후 아퀼레이아의 루피누스와 함께 이집트의 수도승들을 방문하고 예루살렘의 올리브 산에 남녀 수도원을 세운다. 이곳에서 에바그리우스 폰티쿠스로 하여금 수도 생활에 투신하도록 설득하였다. 402년 로마로 돌아왔으나 410년 알라리쿠스의 고트족이 로마를 침탈하자 손녀인 멜라니아의 가족들과 함께 예루살렘

으로 귀환하였다.

* **박남수(1918-1994)** 1918년 평양 출생. 희곡으로 작품 활동을 시작하였으나 이후 시로 전환하여 1939년 정지용의 추천으로 「문장」지에 '심야', '마을' 등의 작품을 발표하였다. 선명한 이미지와 시어를 구사한 '새'의 시인으로 알려져 있다. 1994년 이민해 살던 미국에서 세상을 떠났다. 제5회 아시아 자유문학상(1958), 공초문학상(1992)을 수상하였다.

* **조신의 꿈** 삼국유사에 나오는 이야기로 조신몽調信夢이라고도 한다. 한 여인에게 연심을 품었던 스님이 꿈속에서 욕망과 삶의 허망함을 보고 뉘우친다는 이야기. 이광수, 신상옥, 배창호 등의 작가들이 이 이야기에서 모티브를 얻은 작품을 만들기도 했다.

다섯 번째 강의

탐욕, 물질과 맺는
뒤틀린 관계

탐욕과 인색

"바다는 강물이 끊임없이 흘러 들어와도 결코 채워지지 않는다. 이처럼 탐욕도 결코 부로 만족하지 않는다. 아니 채워지는 만큼 더 커진다. 죽음이 그 끝없는 걱정을 없애 버릴 때까지." 에바그리우스의 말입니다. 칠죄종에서는 '탐욕'을 '인색'이라 부르기도 하는데요, 에바그리우스가 여덟 가지 악한 생각에서 이야기하는 탐욕은 본래 말뜻대로 풀면 '돈에 대한 사랑'입니다. 엄밀히 이야기하면 탐욕은 돈이나 물질적인 부를 소유하려는 갈망 때문에 재물에 집착하는 것을 가리킵니다. 반면, 인색은 돈과 부를 계속 늘리려는 욕망입니다. 이 두 가지는 실제로는 하나입니다. 밖에 있는 재물을 탐하는 것과 손에 넣은 재물을 쥐고 있으려는 것이라고 할 수 있습니다. 앞서 말한 탐식(목구멍)과 대식(배)의 관계와 비슷하지요. 대 그레고리우스는 사람의 마음속에 이 두 가지가 어떻게 자리 잡고 있는가를 이렇게 설명합니다.

"악한 자의 배 속은 탐욕이다. 죄스런 욕망으로 집어삼키는 것들을 모두 그 속에 담아 두기 때문이다. 갈망하는 것들을 채울 때 그 욕망이 채워져 편안해지는 게 아니라 좁아진다. 이는 마치 태울 장작을 받아들이면 불길이 더 일어나는 것과 같다. …탐욕스런 자는 그 욕망에 사로잡혀 원하는 것들을 쌓아 두기를 갈망한다. 그리고 그것들을 많이 모으면, 다시 말해 그의 욕망의 배 속이 다 채워지면 오히려 고통을 겪는다. 쌓아 둔 재물을 어떻게 지켜 낼까 노심초사하는 동안 배부름 자체가 그를 괴롭히기 때문이다." [1]

대 그레고리우스가 "그의 배 속은 만족을 모르니 그는 제 탐욕에서 벗어나지 못한다네."(욥 20,20)라는 성경 구절을 풀이하면서 하는 설명입니다. 탐욕의 배가 채워지면 인색 때문에 나눌 줄 모르고 더 고통을 겪는다는 이야기지요. 탐욕은 서서히 인간의 마음속에 들어오는데, 처음에는 나눌 수 있는 것을 자기만을 위해서 쌓아 둡니다. 그러면서 만족할 줄 모르고 계속 모으려 하지요. 하지만 가진 것이 많아지면 많아질수록 더 불안해하면서 가진 것을 늘리는 데 집착하는 사람이 됩니다. 소유하려는 욕망이 점점 진짜 종살이로 변해 버리고, 원하는 것을 소유하고 쌓아 두는 일이 삶의 유일한 목적이 되어 버립니다. "인색한 자, 탐욕스러운 자는 비참한 자다. 모으느라 힘들고, 지키느라 두렵고, 잃어버릴 때 고통스럽기 때문이다." 옛사람들이 탐욕스러운 사람을 정의하는 말입니다. 참 불쌍한 사람 아닙니까? 그렇지만 우리 중에 누가 재물과 돈 앞에서 자유롭다고 말할 수 있을까요. 철학자 키르케고르*는 마태오 복음 6장을 풀이하면서 탐욕의 본질을 예리하게 지적합니다.

"…사람이 씨 뿌리고 거두어들이고 창고에 쌓아두고 하는 일, 다시 말해 제 먹을 것을 마련하기 위해 하는 일이 그 자체로 칭찬할 만한 일일 뿐만 아니라 하느님께서 크게 기뻐하실 만한 일이라는 것은 분명하다. 중요한 것은 이것이다. 사람이 하느님을 잊어버리고, 제 삶에 필요한 것들이 제 노력으로만 마련된다고 생각하면 물질적인 걱정에 빠진다. …이러한 걱정에서 자유로운 사람은, 자신이 사람이라는 데에 만족할 줄 아는 사람, 오직 하늘에 계신 아버지께서 자신을 돌보신다는 것을 깊이 이해하는 사람뿐이다. 부유한 사람이든 가난한 사람이든 그것을 이해할 수 있다. …부유하든 가난하든 자기에게 필요한 것들을 저 혼자서 마련할 계획에 사로잡힌 사람은 더 이상 자유롭지 않다."

하느님인가, 돈인가?

하느님 없이 사는 사람은 물질에 의지해서 살게 된다고, 그러므로 자연스럽게 물질에 매여 살게 된다고 말하고 있지요. 우리가 흔히 말하는 물신物神입니다. 복음서에서 예수님은 "하느님과 맘몬을 함께 섬길 수 없다."고 하는데 '맘몬'은 시리아어에서 온 말이라고 합니다. '아멘'과 같은 어원, 즉 "…을 믿다"는 뜻을 가진 말입니다. 이런 의미에서 탐욕은 특히 현대 사회의 악이라 부를 수 있어요. 돈이 모든 관계의 매개물이 되어 가는 세상에서 돈과 물질적 부는 미래를 보증해 주는 수단이기 때문입니다. 이미 에바그리우스 시대에도 수도승들은 앞날에 대한 불안 때문에 물질을 쌓아 두려는 유혹을 받았습니다. 에바그리우스의 말입니다. "탐욕은 긴 노년기, 손노동하기에 약해진 수족, 병든 미래, 배고픔, 가난의 고통을 보게 한다. 필요한 것을 다른 사람에게 받는 것이 얼마나 창피한가를 보게 한다." 은수 생활을 하고 있는 수도승의 마음속에 앞날에 대한 걱정을 하게 하고, 물질과 돈을 모아 두어야 하지 않겠느냐고 속삭이는 것이 탐욕의 악한 생각입니다. 하느님이 아니라 돈과 물질을 의지하도록 유혹하는 거지요. 그런 의미에서 탐욕은 물질을 우상으로 섬기는 일이 됩니다.

성 프란치스코*는 돈을 '악마의 똥'이라고 불렀답니다. 그는 제자들이 길을 가다가 돈을 발견하더라도 줍지 못하게 했다고 해요. 탐욕과 부패로 무너져 가던 그 시대의 교회를 가난의 정신으로 재건한 프란치스코 성인이니 돈에 대해 이렇게 경계했던 것도 당연한 일이었을 겁니다. 역시 작은형제회 회원인 파도바의 안토니오* 성인에게도 재미있는 이야기가 전하고 있습니다. 한번은 성인이 강론을 하던 중에 맨 앞자리에 앉은 그 도시의 고리대금업자를 보았습니다. 성인이 말씀하시기를 "너의 보물이 있는 곳에 너의 마음이 있다고 주님께서 말씀하셨는데 지금 여기에 너의 마음, 즉 네 심장은 없다. 집에 가서 금고를 열어 보아라. 거기 네 심장이 있을 것이다." 그러셨다고 해요. 깜짝 놀란 고리대금업자가 집에 돌아와 금고문을 열어 보니 정말 거기 제 심장이 있었다는 이야기입니다. "너의 보물이 있는 곳에 너의 마음이 있다."ubi thesaurus ibi cor라는 복음서의 말씀에 "너의 마음이 있는 곳에 너의 눈도 있다."ubi cor ibi oculus라는 말을 이어 경구처럼 쓰기도 합니다. 내가 귀하게 여기는 것에 늘 내 마음이 가 있는 것은 당연한 일입니다. 그리고 내 마음이 있는 곳에 늘 내 주의도 같이 가 있지요. 즉 늘 그것을 바라보게 됩니다. 내가 항상 신경 쓰는 것이 무엇인가를 살펴보면 내가 무얼 귀하게 여기고 있는지 알 수 있다는 말입니다. 여러분의 눈은 무엇을 바라보고 있습니까? 여러분의 마음은 지금 어디에 있습니까? 탐욕에 대한 에바그리우스의 설명을 들어 보겠습니다.

"돈에 대한 사랑은 모든 악의 뿌리이니 나쁜 가지처럼 다른 정욕들을 키우며, 그 가지에서 피는 꽃들이 시들게 내버려 두지 않는다. 정욕들을 끊어 버리고 싶은 이는 그 뿌리를 끊어야 한다. 탐욕이 남아 있다면 가지들을 자르는 것은 아무 소용이 없다. 가지들을 자른다 해도 즉시 자란다. 재산을 많이 가진 수도승은 짐을 가득 실은 배다. 폭풍우 속에서 쉽게 침몰한다. 침수된 배가 파도가 칠 때마다 부서지는 것처럼 가진 것이 많은 이는 걱정에 잠긴다. …그러나 많은 것을 가진 이는 걱정들에 매여 있으니 마치 사슬에 매인 개와도 같다. 다른 곳으로 가야 하는 상황이 되면 부에 대한 기억을 마치 무거운 짐처럼 질질 끌고 간다. 쓸데없는 고생이다. 슬픔으로 고통을 받고 부에 대한 생각으로 걱정에 사로잡힌다. 재산을 버렸어도 슬픔으로 고통을 당한다. 죽음이 덮쳐 오면 크나큰 고통으로 현세의 것을 버린다. 영혼을 들어 올리지만 가진 것에서 눈을 떼지 못한다. 어쩔 수 없이 끌려가는 것이 마치 도망갈 길을 찾는 노예와도 같다. 육신에서 분리되지만 가진 것에서 분리되지 못한다. 실상 돈에 대한 정욕이 그를 끌어당기는 다른 어떤 것들보다 더 그를 소유하고 있다."[2]

에바그리우스는 바오로 서간(1티모 6,10 참조)을 인용하면서 돈에 대한 사랑이 모든 악의 뿌리라고 말합니다. 이것은 지혜서에 나오는 "모든 죄의 시작은 교만이다."라는 구절과 충돌합니다. 죄의 시작이 교만인가, 탐욕인가? 하는 질문이 나오게 되거든요. 교부들과 중세의 저술가들은 이 두 구절을 화해시키려 했습니다. 악의 열매를 맺는 나무의 새싹이 교만이라면, 악이 자라도록 생명을 주는 뿌리는 소유에 대한 갈망이다, 즉 탐욕이다, 라고 설명했던 거예요.

탐욕, 물질과 맺는 왜곡된 관계

그러나 탐욕은 중세에 더 중요성을 얻게 됩니다. 고리대금업과 같이 사회적으로 널리 퍼진 악이 당시에 탐욕이었기 때문입니다. 우리가 살아가는 시대도 마찬가지입니다. 지난 시대에 시작된 지구화의 물결이 가히 탐욕의 세계화를 가져오고 있으니까요. 인류의 20%에 해당하는 사람들이 자원의 80%를 독점하고 있다고들 합니다. 프란치스코 교종은 "노숙자가 죽는 것은 아무도 신경 쓰지 않지만 주가가 2퍼센트만 떨어져도 기사 거리가 된다"고 우리 시대의 모습을 비판하고 계시지요. 과거에 탐욕이 악이었다면 지금은 많이 가진 사람을 높이 평가하는 세상이 되었습니다. 그 사람이 가진 것, 그 사람의 수입 등을 가지고 사람을 평가합니다. 예를 들어 "누구네 집 딸이 결혼한대." 그러면 "아, 신랑 직장은 어디야, 얼마나 번대?" 이런 대화가 자연스럽게 이어집니다. 대기업에 다니고 수입이 많다면 "아, 결혼 잘했네." 이렇게 되지요. 한편으로는 많이 소유한 사람들을 우러러본다고 할까, 그런 선망하는 분위기가 있는 것 같습니다. 사실 TV 드라마를 보면 대개 재벌 집에서 벌어지는 일들이잖아요. 재벌 집에 가난한 여성이 들어가 온갖 음모와 다툼을 겪으면서 사랑을 얻게 된다, 이런 식의 이야기인데 이런 드라마들이 많은 것은 사람들이 그런 사람들의 삶을 보고 싶어 하기 때문이겠지요.

  소유의 반대는 무엇일까요? 예, 무소유가 아니라 만족이라고 합니다. 애니메이션 영화로는 처음 베를린영화제에서 대상인 황금곰상을 수상한 미야자키 하야오宮崎駿*의 작품 '센과 치히로의 행방불명'을 보면 가오나시顔無し라고 하는 캐릭터가 나옵니다. 황금으로 사람들을 유혹하는 이 캐릭터는 돈 욕심에 눈이 먼 사람들을 족족 잡아 삼키는데 돈에 대한 욕심이 전혀 없는 주인공 센에게만은 무력하지요. '탐욕' 자체를 표상하는 캐릭터처럼 보이는 가오나시는 잡히는 것들을 계속 집어삼키지만 더 배고파하는 모습을 보입니다. 가오나시라는 이름 자체가 '얼굴이 없다'는 뜻이

라고 하는데 탐욕에 사로잡히는 사람은 자기가 누군지를 잊어버린다는 암시를 하는 것 같습니다. 에바그리우스의 말대로 '돈에 대한 욕심이 그를 소유'하게 되는 겁니다. 내가 돈을 소유한다고 여겼지만 실은 돈이 나를 소유하고 있다고 할까요.

그런 의미에서 탐욕은 우리가 물질, 돈과 맺는 관계가 왜곡된 것이라고 할 수 있습니다. 물질이든 돈이든 세상의 모든 것은 하느님께서 창조하신 귀한 것이고 창조주는 본디 그것을 모든 사람이 골고루 나누어 사용하라고 창조하셨지만 탐욕스러운 사람은 피조물을 자기만을 위해 쌓아 둡니다. 다른 말로 하면 다른 사람들에게서 빼앗는 거지요. 교부들은, 이런 의미에서 탐욕스러운 사람은 창조주 하느님에게 맞서는 사람이라고 생각했습니다. 대 바실리우스 성인의 말씀은 통렬합니다. "부자는 모두에게 주어진 것을 제 것이라고 여기면서 극장에 들어가서 들어오려는 사람들을 막으려 하는 자와 같다." 많은 사람이 함께 보도록 연극을 상연하는데 극장에 들어가 다른 사람들을 내쫓고 혼자만 연극을 즐기려는 사람과 같다는 겁니다. 요한 금구는 당시 로마 제국의 부유한 이들의 사치스런 생활을 비판하고 가난한 이들을 변호하다가 유배당하기도 했습니다. 그가 보기에는 소유라는 말 자체가 실제적 근거가 없는 말이었어요.

"내 것, 네 것. 끝없는 전쟁 속으로 우리를 이끄는 이 차가운 말들은 초창기 거룩한 교회가 없애 버렸던 것입니다. 그 시절에는 가난한 이들이 부유한 이들을 시기하지 않았습니다. 모든 것을 공동으로 소유했기에 가난한 이들이 없었던 것입니다. …내 것, 네 것은 실제적인 기초가 없는 말일 뿐입니다…"[3]

우리는 모두 빵에서 나왔다

복음의 핵심은 나눔이고 그리스도의 핵심은 성체성사입니다. 초기 그리스도교에서는 '빵을 쪼갬'fractio panis이라는 말이 미사를 가리키는 말로 쓰이기도 했어요. 사도행전을 보면 "우리는 빵을 떼기 위해 모였다." 이런 표현이 나오는데 이는 성찬례를 드리기 위해 모였다는 뜻입니다. 저 혼자만 독점하고 쌓아 두려는 것이 탐욕이고 인색이라면 그리스도교 신앙은 본질적으로 서로 나누는 것입니다. "빵을 나눌 때 우리는 하느님을 알아보고 빵을 나눌 때 우리는 이웃을 알아본다." 도로시 데이Dorothy Day*는 이런 말을 남겼습니다.

교도소에서 출소한 뒤에 공동체를 이루어 기도하고 일하며 사시는 분들이 계신데 이분들이 빵을 굽는 일을 하고 있다고 해요. 한 번은 누가 "다른 일도 많은데 어떻게 빵 굽는 일을 하게 된 거예요?" 물었더니 한 분이 "우리가 빵에서 나온 사람들 아닙니까?" 하더라는 말을 들었습니다. 그분 말씀은 (감)빵에서 나왔다는 말이지만 저는 그 말을 말 그대로 받아들여도 좋겠다싶었습니다. 우리는 모두 빵에서 나왔다는 것, 누군가 마련한 빵(음식)을 먹고 누군가의 사랑을 받으며 살고 있다는 얘깁니다. 모든 것을 누군가가 내게 준 거니까요. 생각해보면, 내가 입고 있는 옷, 신고 있는 신발, 가진 것들, 모든 것은 누가 나에게 준 거지요. 더 나아가 알고 있는 것, 이를테면 젓가락질하는 법, 신발 끈 매는 법, 시계 보는 법… 이런 것들도 누군가 내게 가르쳐 주었지요. 모든 것을 거저 받았으므로 거저 나누는 것, 이것이 복음의 정신입니다. 물질적 소유를 나누는 데서 더 나아가면 정신적인 집착, 소유를 내려놓는 일이 따라옵니다. 자기 자신을 나누는 일이 그것입니다. 나 자신을 나눈다고 할 때, 실은 나라고 여기는 것이 얼마나 많은 사람들에게서 왔는가를 보게 됩니다. 나의 기억들, 나의 지식과 나의 삶, 이 모든 것이 사람들의 지지와 사랑을 받으면서 이루어진 것임을 보게 되지요. 이 모든 것에 감사하면서 형제자매들과 나를 나누는 것, 이것이 우리가 참여하는 성체성사가 됩니다. 이처럼, 그리스도께서 가르쳐 주신 삶은 사랑, 즉 형제적 나눔에 있으며 나눔의 기쁨을 맛본 사람은 결코 뒤로 돌아가지 않습니다. 아니 돌아가지 못합니다. 그보다 더 큰 기쁨이 달리 없기 때문입니다.

* **키르케고르(Søren Aabye Kierkegaard, 1813–1855)** 덴마크의 수도 코펜하겐의 부유한 집안에서 태어났다. 철학자이자 시인, 사회 비평가이며 실존주의 철학의 선구자로 여겨진다. 기독교계의 위선을 비판하였으며 어떻게 진실한 그리스도인이 될 수 있는가 하는 문제의식을 평생 품고 살았다. 하이데거, 장 폴 사르트르 등 후대의 사상가들에게 큰 영향을 미쳤다. 「이것이냐 저것이냐」, 「공포와 전율」, 「죽음에 이르는 병」 등의 저서가 있다.

* **성 프란치스코(1182–1226)** 아시시의 프란치스코라고 불린다. 직물 상인인 피에트로 베르나르도네와 피카 부인 사이에서 태어나 유복하게 자랐다. 젊어서는 세속적인 성공을 꿈꾸며 기사가 되려고 하였으나 회심하여 평생 십자가의 가난과 모든 피조물과의 평화를 선포하며 살았다. 새들에게 설교를 하고 사나운 늑대와 친구가 되며 첫 구유를 만드는 등 아름다운 일화들이 전하고 있다. "무너져 가는 나의 집을 재건하여라." 라는 그리스도의 명을 받들어 가난의 삶을 살면서 부패해가던 중세의 교회를 일으켜 세우고, 생애 말기에 예수 그리스도의 다섯 상처를 자기 육신에 받아 그리스도의 거처가 됨으로써 자신의 성소를 완성하였다. '태양의 찬가'라고도 불리는 '피조물의 찬가' 때문에 이탈리아 문학의 선구자로 여겨지기도 한다. 그의 생전에 1회, 2회, 3회라 불리는 남성,

여성, 평신도들의 공동체가 만들어졌으며 현재 세계 곳곳에 그의 정신을 따라 사는 많은 수도공동체들이 있다.

* **파도바의 안토니오(1195-1231)**   포르투갈의 리스본에서 태어났다. 열다섯 살에 아우구스티노회 소속 상비센테드포라 수도원의 수도참사회원으로 입회하였으나 1220년 모로코에서 순교한 프란치스코 회원들의 모습에 감명 받아 프란치스코회로 옮겼다. 이후 우여곡절 끝에 이탈리아의 포를리의 프란치스코 공동체에 머물던 안토니오는 우연한 기회에 뛰어난 강론을 선보이게 되었는데, 이를 알게 된 아시시의 프란치스코는 그에게 회원들의 교육을 맡겼다. 잃어버린 물건을 찾는 사람들의 수호성인으로 널리 알려져 있다.

* **미야자키 하야오(宮崎駿, 1941-)**   일본 애니메이션을 대표하는 작가. 일본의 도쿄에서 태어나 가쿠슈인學習院 대학에서 경제학을 공부하였다. 1963년, 도에이 애니메이션東映動画에 들어가 '멍멍이 충신장', '걸리버의 우주여행' 등에서 동화動画를 담당했다. 1984년에 타카하타 이사오와 함께 스튜디오 지브리Studio Ghibli를 세우고 '천공의 성 라퓨타', '마녀 배달부 키키', '이웃집 토토로', '추억은 방울방울', '붉은 돼지', '귀를 기울이면', '모노노케 히메' 등 빼어난 작품들을 내놓았다. 2001년 작품인 '센과 치히로의 행방불명'은 현대

사회에 대한 비판을 은유적으로 담은 작품인데 애니메이션으로서는 처음으로 베를린 영화제에서 금곰상을 수상하기도 했다. 그는 자신의 작품에 대한 변을 "어린이들의 미래는 보잘 것 없는 어른이 되는 것뿐이지만 그 과정에는 아름다운 것도 있음을 그리고 싶었다."라 밝히고 있다.

* **도로시 데이(Dorothy Day, 1897-1980):** 미국 뉴욕의 브루클린에서 태어났다. 저널리스트로 활동하던 도중 여성참정권 운동으로 투옥되었다. 1927년 가톨릭으로 개종하였으며 대공황 시기에 자본주의 체제 속에서 굶주리는 사람들과 이에 항의하는 사람들에게 가하는 국가 폭력을 목도하고 노동자와 민중을 위해 살기로 결심한다. 1933년 피터 모린Peter Maurin과 함께 가톨릭 노동자 운동을 시작, 그 일환으로 가톨릭노동자Catholic Worker를 발간하였다. 가난한 이들에 대한 환대와 비폭력을 주창하였고 평생 전쟁을 반대하는 평화주의를 견지하였다. 뉴욕에 연 '환대의 집'은 세계 곳곳으로 확산되어 현재 100여 군데를 헤아린다. 미국 주교협의회는 1983년의 사목서간에서 "도로시 데이와 마르틴 루터 킹과 같은 비폭력의 증인들은 미국 교회의 삶에 깊은 영향을 남겼다"고 쓰고 있다. 2000년에 시복 심사가 개시되었으며 자서전 「고백」Long Loneliness을 남겼고 「빵과 물고기」, 「환대의 집」 등의 저서가 있다.

여섯 번째 강의

분노, 타인과 맺는 뒤틀린 관계

화내는 사람은 아픈 사람이란다

"화내는 사람은 아픈 사람이란다." 바키타^{Bakhita}* 성녀의 전기 영화에서 만난 인상적인 대사입니다. 살다 보면 내가 누군가에게 화를 낼 때도 있고, 나에게 화가 난 사람의 분노를 뒤집어쓸 때도 있지요. 그럴 때면 성녀의 말씀을 다시 곱씹어 보게 됩니다.

아프리카 사람으로는 처음 시성된 바키타 성녀는 1869년 지금의 수단 지역에서 태어났습니다. 열 살이 채 안 되었을 때 노예 사냥꾼에게 붙잡혀 이 사람 저 사람에게 팔려 다니며 끔찍한 고초를 겪습니다. 그때 당한 고초 때문에 성녀의 몸에는 백 군데가 넘는 칼자국이 있었다고 하니 그 고통은 차마 짐작하기도 어렵습니다. 그 시간이 십여 년 지속되다가 이탈리아 사람을 새 주인으로 만났는데 이 사람이 그를 본국으로 데려왔다고 하지요. 이후 주인집의 어린 딸을 돌보게 되는데 아이가 기숙 학교에 맡겨지면서 그녀도 아이와 함께 수녀원에서 살게 됩니다. 그곳 베네치아에서 세례를 받고 수도자가 된 뒤 주방 소임, 제의방 담당, 문지기로 소박한 일생을 살아갑니다. 위에 인용한 성녀의 말은 베네치아에서 바키타 수녀에게 마구 화를 내는 사람을 보고 아이들이 찾아와 위로하는 장면에 나오는 대사입니다.

"저 사람이 수녀님에게 부당한 짓을 하고 있으니 나빠요."

아이들이 이렇게 말하자 바키타 수녀가 말합니다.

"화내는 사람은 아픈 사람이란다."

여섯 번째 우리 이야기의 주제는 분노입니다. 본래 분노는 하느님께서 우리를 보호하도록 주신 힘이라고 합니다. 우리를 유혹하는 것들에 맞서고 죄와 악에 맞서 싸우라고 분노할 수 있는 힘을 주셨다는 거지요. 그러나 우리들은 그 힘을 타인에게 사용합니다. 우리 자신이 병들어서 그 힘을 제대로 쓸 줄 모르게 되었다는 이야기입니다. 제가 아는 사람 중에 늘 화를 내는 이가 있었는데 주변 사람들이 그이를 가까이하지 않으려고 했어요. 화를 내는 사람 곁에 있으면 늘 움찔움찔 놀라게 되거든요. 무섭기도 하고요. 실은 그분 역시 어릴 적에 받은 상처 때문에 자기 안에 화가 가득 들어 있어서 자기도 모르게 화를 내고 있는 것이었는데요, 곁에 있는 사람들 역시 약한 사람들이라 피하게 되는 것도 당연한 일입니다. 어떤 면에서 우리 모두는 아버지의 사랑을 필요로 하는 약한 어린아이들이니까요. 때로는 화내는 사람에게 맞서서 화를 내보기도 하지만 그 힘이 워낙 압도적이라 얼마 안 가 도망치게 됩니다. 교부들은 병에 맞서 싸워야지 병자에 맞서 싸워서는 안 된다고 가르칩니다. 러시아 작가 톨스토이의 말을 기억하실 겁니다. "죄를 미워하되 죄인은 미워하지 말라." 이 말도 결국 같은 의미겠지요. 분노는 왜 생기는 것일까? 에바그리우스 폰티쿠스의 이야기를 들어 보겠습니다.

> "말해 보라. 그대가 음식과 부와 영광을 멸시한다면 무엇 때문에 즉각 싸움에 돌입하는가? 그대가 아무것도 소유하지 않는 삶을 선택했다면 무엇 때문에 개를 키우는가? 개가 짖고 사람을 문다면 그것은 그대가 지키고 싶은 무언가를 갖고 있다는 표시다. 나는 확신하건대 누가 이와 같다면 순수한 기도에서 멀다. 분노가 순수한 기도를 부순다는 것을 알기 때문이다."[1]

여기서 에바그리우스는 분노에 빠진 수도자에게 말을 하고 있습니다. 그대는 모든 것을 버리고 수도 생활을 하겠다고 약속했으면서 왜 화를 내며 싸우고 있는가? 그것은 지키고 싶은 무언가가 있다는 뜻이 아닌가? 하는 반문입니다. 이는 수도자만이 아니라 모든 사람에게 해당합니다. 마음의 문제니까요. 여기서 에바그리우스는 분노가 즐거움, 쾌락과 연관되는 거라고 보고 있어요. 내가 찾는 즐거움을 얻을 수 없거나, 내가 누리던 즐거움을 빼앗길 때 거기서 분노가 태어난다는 이야기입니다. 에바그리우스는 그 즐거움을 인간의 가장 큰 세 가지 욕망, 예수님이 광야에서 겪으셨던 유혹 세 가지로 표현하고 있지요. '음식과 부와 영광'입니다. 그러나 이 중에서도 분노의 가장 주된 요인은 세 번째의 영광, 즉 헛된 영광, 허영이라고 할 수 있습니다. 다른 말로 하면 자기 자신에 대한 집착이 되지요. 모욕당했다고 느꼈을 때나 공격받았다고 느꼈을 때, 내가 바라는 대로 남들이 나를 알아주지 않을 때 우리는 분노에 사로잡힙니다. 싸우면서 흔히 "내가 이것밖에 안 돼?" 하고 말하는 경우가 있지 않습니까. 이 말은 '네가 나를 이 정도로밖에 안 본다는 것에 화가 나!'라는 말일 텐데요, 대 바실리우스는 이 지점을 콕 집어 말하고 있습니다. "우리에게 상처를 주는 것은 말이 아니라, 스스로에게 갖고 있는 좋은 이미지이며, 우리로 하여금 들고 일어나게 하는 교만이다." 우리가 분노할 때 정작 중요한 지점은 상대에게 있는 것이 아니라 대개 나에게 있다는 말이지요. 발상의 전환입니다만 이렇게 시선을 바꾸는 것이 참 어렵습니다.

왜 화를 내는가?

그래도 이 말을 받아들이기가 어렵다고요? 지금 내가 화를 내는 것은 정말로 누가 큰 잘못을 했기 때문이라고요? 물론 그럴 겁니다. 그가 정말로 큰 잘못을 했을 거예요. 그래서 지금 내가 화를 내고 있는 거고요. 그러나 여기서 한번 스스로에게 질문을 해 보는 것이 좋습니다. 그가 잘못한 것은 잘못한 것이고, 지금은 그것에 대해 화를 내는 나 자신에 대해 물어보는 겁니다. 누군가의 행동에 대해 내가 화를 낸다면 나는 속으로 이런 말을 하고 있을지도 모릅니다. '어떻게 사람이 그럴 수가 있어?' 아니면 '어떻게 친구가 그럴 수가 있어?' 사실 우리가 이렇게 말하고 있다면 우리는 여기서 더 나갈 필요를 느끼지 않습니다. 그러나 한번 진지하게 다시 질문해 보는 거예요. 가령 '어떻게 사람이 그럴 수가 있어?' 이런 생각이 든다면 '왜 사람이 그러면 안 되는데?'라고 자신에게 질문해 보는 겁니다. '어떻게 친구 사이에 그럴 수가 있어?' 이런 생각에 사로잡혀 있다면 '친구 사이에 그러면 왜 안 되는데?' 하고 물어봅니다. 그리고 진지하게 답을 찾아보는 거예요. 그러면 어떤 답이 나오게 됩니다. 예를 들어 '그건 배신이잖아!' 이런 답이 나온다면 다시 물을 수 있지요. '배신하면 왜 안 되는데?' 예, 물론 배신하면 안 돼요. 배신하면 안 됩니다. 그러나 여기서 계속 이렇게 질문해 나가다 보면 내가 정말 중요하게 생각하는 것, 내가 꼭 지키고 싶어 하는 것이 무엇인지가 드러납니다. 어쩌면 그 최종적인 답은 처음에 내가 화를 냈던 그 이유와 무척 다를 겁니다. 내가 정말 지키고 싶은 것, 또는 내가 정말 두려워하는 것이 무엇인지 아는 것은 자기를 알아가는 여정에서 매우 중요합니다.

분노라는 주제로 다시 돌아갑니다. 내가 바라는 대로 남들이 나를 알아주지 않을 때, 흔히 하는 표현으로 자존심이 상처를 입었을 때 우리는 뒤집힌 그 상태를 바로잡고 싶어 합니다. 나를 모욕했다고, 나를 공격했다고 여기는 사람에게 분노를 드러내지요. 그 사람을 끄집어내려 내가 올라가려고 합니다. 분노는 공격성으로 나타나게 되는데, 밖을 향할 경우에는 다른 사람들을 힘들게 하고 그것이 안을 향할 경우에는 자신을 파괴하게 됩니다. 이십 세기의 영성가 헨리 나웬* 신부님은 특히 분노가 우리 시대 사목자들의 특징적인 모습이 되었다고 말합니다.

사제들은 교회의 어른들에게 화가 나 있는데 자기들을 잘 이끌어 주지 않기 때문입니다. 신자들에게도 화가 나 있는데 자신을 잘 따르지 않기 때문입니다. 교회에 나오지 않는 신자들에게 화가 나 있습니다. 교회에 나오지 않기 때문이지요. 교회에 나오는 신자들에게도 화가 나 있습니다. 열정 없이 오기 때문입니다. 함께하는 동료들에게도 화가 나 있어요. 자신이 무언가 잘못하고 있다고 느끼게 하기 때문입니다. 자기 자신에게도 화가 나 있습니다. 내가 바라는 모습이 아니기 때문입니다. 어떻습니까? 헨리 나웬 신부님은 사목자들의 모습이라고 이야기하고 있지만 어쩌면 이것은 우리 자신의 모습이 아닐까요? 이처럼 분노가 일상이 되어 버리면 타인을 있는 그대로 받아들이지 못합니다. 우리가 서로 다르다는 것은 삶을 풍성하게 만들어 주는 중요한 요소인데, 분노에 사로잡히면 너와 내가 다르다는 것을 기쁘게 수용하지 못합니다. 앞서 말했듯이 분노의 바탕에는 자기애가 있기 때문에 타인은 나의 것을 받아들여야 할 사람이 되어 버리지요. 그게 안 되어서 지금 화를 내고 있는 것이고요. 결국 다른 사람들과 통교하는 것을 거부하게 됩니다. 종국에 가서는 나에게 최고의 타인이라고 할 수 있는 하느님을 거부하게 됩니다. 그래서 기도할 수 없게 되어 버리지요.

> "분노는 하루 종일 영혼을 쓸쓸하게 만드는데 특히 기도 중에 우리를 슬프게 한 사람의 얼굴을 떠오르게 한다. 계속 분노한 상태로 머물면 그것은 억울함, 분함으로 변하게 된다."[2]

에바그리우스는 분노를 개가 사납게 짖는 것에 비유하고 있는데, 그래서 기도하려는 사람은 기도할 때 거처에서 개를 멀리

데려다 묶어 놓는 옛사람들의 풍습을 배워야 한다고 말하기도 했습니다. 누가 분노했지만 침묵하는 경우, 분노를 드러내지 않는 만큼 속으로 자신을 태웁니다. 화를 낸 채 일상적인 대화도 안 하고 있으면 시간이 흐름에 따라 사람에 대한 사랑까지 잃게 되지요. 아주 작은 것도 큰 잘못으로 보게 되고 모든 것이 못마땅해집니다. 스스로도 불행하고 옆에 있는 사람도 불행하게 만듭니다.

분노, 타인과 맺는 뒤틀린 관계

거짓 온유함으로 숨기는 분노도 있습니다. 이러한 분노는 한번 폭발하면 헤아릴 수 없는 피해를 가져오지요. 화나는 일이 있어도 평소에는 꾹꾹 눌러 참으면서 아무렇지도 않은 듯 살다가 한계에 달하면 대수롭지 않은 일에도 폭발해 버리는 사람들이 있습니다. 제가 좀 그러는 편인데 그렇게 되면 평소에 방심하며 지내던 이웃 사람들은 그야말로 폭탄을 맞은 꼴이 되어 버립니다. 에바그리우스는 분노한 사람과 온유한 사람을 대비시킵니다. "온유한 이의 마음은 맑은 샘물이어서 다가오는 이에게 갈증을 푸는 물을 주지만 분노한 이의 마음은 분탕질 쳐진 샘과 같아 가까이 오는 이에게 줄 것이 없다."

그러므로 우리는 분노가 찾아올 때 질문해 보아야 합니다.

타인은 내게 누구인가? 관계 맺고 사랑해야 할 사람인가? 아니면 내 구미에 맞게 차지하고 소유하며 사용할 수 있는 존재인가? 분노는 타인과 맺는 뒤틀린 관계입니다. 여기서 중요한 지점은 '나'에게 있습니다. '내가' 타인과 맺는 관계가 뒤틀려 있다는 뜻이지요. 이 점을 잘 보여 주는 사막 교부들의 일화가 있습니다.

> 어느 수도원에 형제가 하나 있었는데 쉽게 화를 내곤 하는 사람이었다. 어느 날 혼자 생각하기를 '이곳을 떠나 혼자 지내야겠다. 그러면 누구와도 관계할 일이 없을 것이고 분노할 일도 없겠지.' 그래서 수도원을 떠나 외딴 동굴에 거처를 정하고 혼자 살았다. 그렇게 지내던 어느 날 물 항아리에 물을 채워 땅에 놓았더니 항아리가 넘어져 물이 쏟아지고 말았다. 다시 물을 채워 세우려 했더니 다시 넘어져버리고 말았다. 세 번째로 물을 채워 땅에 놓으니 또 넘어져 버렸다. 화가 머리끝까지 난 그는 항아리를 들어 내팽개쳤다. 항아리는 산산조각이 나 버렸는데 순간 정신이 번쩍 든 그는 마귀가 자기를 데리고 장난을 치고 있다는 것을 깨닫게 되었다. 그는 말했다. "아, 나는 고독한 삶으로 물러 나왔지만 (마귀에게) 공격을 당했구나. 공동체로 돌아가야겠다. 어느 곳에서나 싸워야 하고, 인내해야 하고, 하느님의 도움을 청해야 하는구나." 이

렇게 그는 떠나왔던 곳으로 돌아갔다.[3]

정말로 깨어 있으면서 싸워야 할 대상이 무엇인가를 말해주는 이야기입니다. 자기 자신과 싸워 이기는 사람이 가장 강한 사람이라는 옛말도 있지요. 다음은 분노에 대처하는 실제적인 지혜를 알려주는 교부들의 말입니다.

"분노가 마음속에 들어오지 않도록 할 수 있는 만큼 막아야 한다. 그러나 이미 들어왔다면 얼굴에 드러나지 않게 하라. 그러나 이미 얼굴에 드러냈다면 혀를 조심하라. 그러나 이미 그것을 입술에 얹었다면 행동으로 옮기지 않도록 하라. 그리고 빨리 마음에서 없앨 수 있도록 힘쓰라."

그러나 보다 본질적인 의미에서 분노는 있는 그대로의 자신을 받아들이는 것과 관계가 있습니다. 이웃과, 현실과, 내 자신 안에 있는 부족함, 가난을 받아들이고 함께 살아가는 법을 배워야 한다는 이야기입니다. 지극히 작으신 주님, 가난한 주님의 가난 속에 머무르는 법을 배우지 않으면 분노는 항상 우리 자신을 떠나지 않을 것이기 때문입니다. 자신의 가난을 보면서 분노하지 않는다는 것은 무엇보다 자기 자신에게 온유한 사람이 되어야 한다는 뜻이지요. 제일 먼저 자신을 참아 주어야 한다는 말입니다.

"강한 바람이 탑을 흔들지 못하듯이 분노는 온유한 마음을 점령하지 못할 것이다. 사나운 바람이 물을 흔들고 분노한 자는 어리석은 생각들로 흔들린다. 분노한 수도자는 무언가를 보고 이를 간다. 안개의 물방울들이 대기를 무겁게 하고 분노의 충동은 분노한 자의 정신을 무겁게 한다. 지나는 구름이 해를 가리듯 당한 상처의 기억이 정신을 무겁게 한다. 갇힌 사자가 계속 문의 돌쩌귀를 흔들 듯 수방修房의 분노한 자를 분노의 생각이 뒤흔든다. 잔잔한 바다는 보기 좋으나 평화로운 마음 상태는 그보다 더 아름답다. 실상 잔잔한 바다에 돌고래가 헤엄치며, 평화로운 마음속에 하느님을 기쁘게 하는 생각들이 헤엄친다."[4)]

사랑은 마음을 온유하게 한다

우리에 갇힌 사자가 문의 돌쩌귀를 계속 흔드는 것, 이것이 우리 안에서 움직이는 분노라는 이야기입니다. 그렇다면 내 안의 분노에 나를 내어주지 않고 온유한 마음을 잃지 않기 위해서는 어떻게 해야 하는 것일까요. 고백자 막시무스는 온유함은 사랑에서 온다고 말합니다. 좀 길지만 원로와 초심 수도승 사이에 오가는 대화를 들어 보겠습니다. 「수덕서」라는 작품에 나오는 내용입니다.

형제가 말했다. "아버지, 사랑이 어떻게 마음을 온유하게 하는지 알고 싶습니다." 원로가 대답했다. "사랑은 이웃을 연민으로 대하게 하고 그에게 선을 행하며, 너그러운 마음을 품고 그가 공격하더라도 참아 내게 하기 때문이다. 사랑은 이러한 것들을 갖고 있어서 사랑을 실천하는 사람의 마음을 온유하게 한다." 형제가 말했다. "사랑이 하는 것들이 작은 일이 아니군요. 사랑을 실천하는 이는 복됩니다. 하지만 솔직히 말하면 저는 사랑과는 아주 멉니다. 다시 청합니다. 아버지, 마음이 넓다는 것은 무슨 뜻인지 알려 주십시오." 원로가 대답했다. "악들을 견디고 반대 앞에 굳건하며 우연히라도 화를 내지 않는 것이다. 또 의심하지도… 경건한 사람에게 어울리지 않는 것은 생각하지도 않는 것이다. 이러한 것들이 너른 마음의 표지들이다."

이것만이 아니라 자기 자신이 유혹의 원인임을 생각하는 것이 바로 넓은 마음의 특성이다. 우리에게 일어나는 많은 것들이 우리를 깨우쳐 주거나, 지난 죄를 없애 주거나, 현재의 게으름을 바로잡거나, 앞날에 있을 잘못을 멀리하는 데 쓸

모가 있기 때문이다. 그러므로 이러한 것들 중 하나 때문에 유혹이 일어난다는 것을 기억하는 사람은 그런 일이 벌어질 때 유혹을 가져온 사람을 고발하지 않는다. 사실 그를 통해서든 다른 누구를 통해서든 하느님의 심판의 잔을 마셔야만 하기 때문이다. 그는 유혹의 통로가 된 사람을 공격하는 대신 하느님을 바라보고, 자신을 용서해 주신 분께 감사하며 자기 자신을 고발한다. 그리고 다윗이 시므이*에게 그랬듯이, 욥이 자기 아내에게 그랬듯이 하느님의 가르침을 기꺼이 받아들인다. 그러나 어리석은 자들은 믿음 때문에 자주 하느님을 부르기는 하지만 자기에게 주어진 자비를 받아들이지 않는다. 자기가 바라는 대로 그것이 오지 않았기 때문이다. 영혼들의 의사께서 무엇이 필요한지를 생각하시고 주시는 것을 모르는 것이다. 이 때문에 게으르고 놀라며 때로는 사람들에게 분노하고 때로는 하느님을 모독한다. 이렇게 제 영혼의 어리석음을 드러내고 자기가 매 맞고 있다고만 생각한다.[5)]

내가 타인과 맺는 관계가 왜곡된 것이 분노라고 할 때 그 분노를 옳게 대면하려면 나와 타인 사이에 있는 분, 하느님을 잊어서는 안 됩니다. 고백자 막시무스는 바로 그 점을 이야기하고 있지요. 하느님의 자비를 모른다면 자신에 대해 온유할 수도, 타인을 받아들일 수도, 사랑할 수도 없다고 말입니다. 1947년 세상을 떠날 때 바키타 성녀는 이런 말을 남겼습니다.

"나는 이제 가방 두 개를 들고 하늘나라로 갑니다. 하나에는 나의 죄가 들어 있어요. 다른 가방은 훨씬 무겁습니다. 거기에는 우리 주님의 공로가 들어 있습니다."

* 바키타(Bakhita, 1869-1947)　　1869년 수단에서 태어나 어린 나이로 노예사냥꾼에게 납치되었다. '바키타'라는 이름은 노예사냥꾼이 그에게 붙여 준 이름으로 아랍어로 '행복한 사람'이라는 뜻이다. 1882년 이탈리아 총독 갈리스토 레냐니 Calisto Legnani가 노예시장에서 그를 사서 1885년 제노바로 데려왔고 그곳에서 아우구스토 미키엘리 집안에 맡겼다. 바키타는 그곳에서 미키엘리 집안의 어린 딸 앨리스의 보모가 되었는데 이 집안이 해외로 이주할 때 앨리스와 함께 베네치아의 카노사 수녀원 기숙학교에 남게 된다. 그곳에서 신앙을 접하게 되어 1890년 쥬세피나라는 이름으로 세례를 받았다. 1896년 수도 서원을 한 뒤, 비첸자의 스키오 Schio로 옮겨 가 1947년 세상을 떠날 때까지 문지기, 주방 소임 등 소박하고 단순한 일을 하며 자비와 기도의 삶으로 사람들의 사랑을 받았다.

* 헨리 나웬(Henri Nouwen, 1932- 1996)　　1932년 네델란드 네이케르크에서 출생. 1957년 사제 서품을 받고 심리학을 공부하였다. 미국의 예일대학교, 하버드대학교 신학대학원 등에서 강의를 하다 1985년 장 바니에 Jean Vanier 초대로 라르쉬 공동체에서 아홉 달을 머문 뒤 소명을 깨닫고 1986년 캐나다 토론토에 있는 라르쉬 새벽 Daybreak 공동체에서 사목자로 살았다. 20세기를 대표하는 가톨릭

영성가 가운데 하나로 「탕자의 귀향」, 「평화에 이르는 길」, 「상처 입은 치유자」, 「열린 손으로」 등 많은 저서를 남겼다.

* **시므이**   구약 사무엘 하권 16장과 19장에 나오는 인물. 사울 집안의 친척으로 압살롬의 난 때 곤경에 처한 다윗에게 욕을 퍼부었으나 다윗은 그에게 관용을 베푼다.

일곱 번째 강의

슬픔, 시간과 맺는 뒤틀린 관계

슬픔, 마음의 부서짐

저희 서원에서 일하는 형제가 들려준 이야기입니다. 저희 수도회는 미디어를 통한 복음 선포가 사명이어서 책을 만드는 출판사도 있고 서원도 운영하고 있지요. 호주 브리즈번에 저희 서원이 한 군데 있는데 어느 날 오후 어떤 분이 서원에 왔다가 떠나는가 싶더니 문득 돌아와서 그 형제에게 그러더랍니다. "당신은 오늘 저에게 웃어 준 유일한 사람입니다. 하루 종일 아무도 제게 웃어 준 사람이 없었습니다. 당신의 미소는 참 아름다웠어요. 감사합니다." 그러고는 떠나더래요. 사람이 미소 짓는다는 것은 무엇일까 생각해 봅니다. 미소는 기쁨에서 오는 거지요. 영어에서 기쁨을 뜻하는 '조이'joy라는 말은 그리스말로 삶, 생명을 뜻하는 '조에'joe에서 왔다고 합니다. 삶을 충만히 누리는 사람, 자기 생을 온전히 긍정하는 사람이 기쁨을 누리는 것 같습니다. 그런 사람만이 다른 사람을 행복하게 만들어 주는 미소를 지을 수 있겠지요. 하지만 현실에서는 저 호주 사람들만이 아니라 우리나라 사람들에게서도 미소를 짓거나 기뻐하는 표정을 보기가 어려운 게 사실입니다.

"세상을 사랑하는 사람은 자주 슬픔에 빠질 것이다." 에바그리우스 폰티쿠스의 말입니다. 앞에서 보았듯이 내가 찾는 즐거움이나 쾌락을 얻을 수 없을 때, 내가 누리던 즐거움을 빼앗기게 될 때 찾아오는 것이 분노입니다. 에바그리우스는 '프라티코스'라는 책에서 여덟 가지 악한 생각을 나열할 때는 슬픔 다음에 분노를 두었는데 다른 곳에서는 분노를 슬픔 앞에 둡니다. 카시아누스도 "분노가 꺼진 다음 슬픔이 생겨난다."고 말합니다. 슬픔은 분노 다음에 따라오는 '마음의 부서짐'입니다. 분노를 해도 바라던 것이 채워지지 않을 때 슬픔이 옵니다. 마음이 부서진다고 표현하는데 이것은 '세상을 사랑했기' 때문입니다. 사랑하는 사람은 사랑하는 것과 하나가 되고 싶어 하지요. 사랑하는 사람(대상)에게 나를 줍니다. 그것이 내가 된다고 할까요. 요한의 첫째 편지에는 이런 말이 있습니다.

"여러분은 세상도 또 세상 안에 있는 것들도 사랑하지 마십시오. 누가 세상을 사랑하면, 그 사람 안에는 아버지 사랑이 없습니다. 세상에 있는 모든 것, 곧 육의 욕망과 눈의 욕망과 살림살이에 대한 자만은 아버지에게서 온 것이 아니라 세상에서 온 것입니다." (2,15-16)

아우구스티누스도 사랑해야 할 것을 사랑하지 않고, 사랑해서는 안 될 것을 사랑하는 인간의 비극에 대해 이야기한 적이 있어요. 아주 간결하게 정리한 것이라 함께 음미해 보고 싶습니다. "그러나 그것이 무엇이든 사랑할 대상을 가지고 있지 않은 사람, 사랑할 대상을 가지고 있지만 해로운 것을 사랑하는 사람, 지극한 선을 소유하고 있더라도 그것을 사랑하지 않는 사람을 복되다고 할 수는 없습니다. 실상 얻을 수 없는 것을 사랑하는 사람은 고통 속에 사는 사람이고, 원해서는 안 될 것을 찾아가는 사람은 기만당해 사는 사람이며, 원해야 하는 것을 원하지 않는 사람은 병들어 사는 사람입니다. 이러한 사람들의 마음속에는 비참이 있습니다. 그리고 비참과 참된 행복은 같은 사람 속에 머물 수 없습니다. 이런 사람들은 그 누구도 참으로 행복하지 않습니다." 「가톨릭교회의 관습과 마니교도의 관습」이라는 작품에 있는 말입니다. 참되지 않은 것을 사랑할 때, 그것을 가져다 안을 채우려고 하지만 우리의 내면은 채워지지 않습니다. 본질적으로 우리를 채워 줄 수 있는 것이 아니니까요. 그렇지만 나는 그것을 사랑하고 그것에 나를 주어 버렸기 때문에 마음이 부서집니다. 슬픔이 찾아온 거지요. 그리고 우리는 갈림길을 만납니다. 이것을 좋은 슬픔과 나쁜 슬픔의 교차로라고 부를 수 있을 것 같습니다.

좋은 슬픔과 나쁜 슬픔

'좋은 슬픔'은 하느님으로부터 멀어져 있는 고통을 느끼게 하여 그분께 돌아가도록 초대하는 슬픔입니다. 이는 하느님에게서 멀어졌다는 것을 느끼는 아픔에서 오는 슬픔이지요. 우리가 자리에서 일어나 그분께 돌아가도록 이끌어 줍니다. 말하자면 이 슬픔은 우리에게 힘을 주는 슬픔입니다. 고백록을 보면 아우구스티누스가 회심하기 직전에 굉장한 눈물을 흘리는 대목이 나옵니다. 요즘 말로 하면 '폭풍 눈물'이라고 할 수 있을 것 같은데요, 「고백록」 다섯 번째 권에서 아우구스티누스가 이 눈물에 대해 말하는 대목을 읽어 보겠습니다.

"그러므로 그들이 당신을 찾아 발걸음을 돌리게 하소서. 당신께서는 자기네 창조주를 버리는 그들처럼 당신 피조물을 버리지 않으십니다. 그들이 당신을 찾아 발걸음을 돌리면 거기 이미 당신은 계십니다. 그들 마음속에, 당신을 알아보고 쓰라린 걸음을 걸어 당신 무릎 앞에 울며 몸을 던지는 이라면 누구나의 마음속에 계십니다. 바로 거기 기다리고 계시다가 당신은 그의 눈물을 닦아 주십니다."[1]

반면 '나쁜 슬픔'은 우리를 억눌러 살고 싶은 원의가 사라지게 만듭니다. '마음의 부서짐'이라는 표현대로 살아갈 힘을 빼앗는 슬픔이지요. 우리가 살아가는 데는 육체적인 힘이 있어야 하듯이 마음의 힘도 필요합니다. 혼자 걸음마를 하면서 엄마 쪽을 바라보는 아이는 엄마가 고개를 끄덕여 주고 웃어 주면 힘을 얻어 계속 걷습니다. 신뢰와 격려, 마음으로 보내는 지지는 우리 마음에 힘을 줍니다. 좋은 슬픔과 나쁜 슬픔을 바오로 사도 식으로 말하면 하느님에 따른 슬픔과 세상의 슬픔이 됩니다. "하느님의 뜻에 맞는 슬픔은 회개를 자아내어 구원에 이르게 하므로 후회할 일이 없습니다. 그러나 현세적 슬픔은 죽음을 가져올 뿐입니다."(2코린 7,10) 이 두 가지 슬픔을 구별하는 지점은 '눈물'입니다. 하느님에 따른 슬픔은 눈물 흘리게 하지만 나쁜 슬픔은 눈물 흘릴 수 없기 때문입니다. 교회의 전례 기도문 중에는 '눈물의 선물을 얻기 위한 기도'가 있습니다.

"오, 지극히 온유하시고 전능하신 하느님, 당신은 목마른 백성을 위하여 바위에서 생명수를 샘솟게 하셨으니 저희 단단한 마음에서 뉘우침의 눈물을 터져 나오게 하소서. 그리하여 저희 죄에 눈물 흘리게 하시고 당신 자비로써 그 죄를 용서받게 하소서."

민수기 20장에 나오는 므리바의 물가 이야기가 배경에 있음을 짐작할 수 있지요. 광야에서 마실 물이 없자 이스라엘 백성이 모세와 아론에게 대들었는데 그때 모세가 바위를 치자 물이 솟았다는 이야기입니다. '바위에서 솟은 생명수'와 '단단한 (바위 같은) 마음에서 솟는 뉘우침의 눈물'이 연결되어 있지요. 나의 뉘우침의 눈물이 목마른 사람들에게 생명수가 된다는 것을 기억하게 합니다. 에바그리우스의 말을 들어 보겠습니다.

"슬픔에 빠진 수도승은 영적 즐거움을 알지 못한다. 실상 슬픔은 분노의 생각들 다음에 오는 마음의 무너짐이다. 사실 분노는 앙갚음하려는 욕망이지만 앙갚음이 충족되지 않을 때 슬픔을 낳는다. 슬픔은 사자의 아가리로서 슬픔에 빠진 이를 쉽게 삼킨다. 슬픔은 마음의 좀벌레로서 자기를 낳은 어미를 먹으며 산다. 어머니가 아들을 낳을 때 고통을 겪지만 아이가 태어나면 고통에서 벗어난다. 그러나 슬픔은 태어날 때 많은 고통의 원인이 되며 태어난 후에도 그것이 남아 있으면 큰 고통을 준다. 슬픔을 겪는 수도승은 영적 기쁨을 알지 못하니 그것은 마치 열이 많은 사람이 꿀을 맛보지 못하는 것과 같다. 슬픔에 빠진 수도승은 정신을 관상으로 옮겨 가지 못하고 순수한 기도를 하늘로 올려 드리지도 못한다. 슬픔은 모든 선에 어둠이 된다. 발이 묶여 있으면 달릴 수 없듯이 슬픔이 관상에 그러하다. 죄수는 이방인들에 의해 쇠기둥에 묶여 있고 슬픔은 욕정들에 의해 갇힌다. 사실 슬픔은 다른 욕정들이 없다면 힘을 쓰지 못하는데 이는 묶는 사람 없이는 사슬이 힘이 없는 것과 같다. 슬픔에 묶인 사람은 욕정들에 무너진 사람으로 패배의 증거로 사슬을 끌고 다닌다. 실상 슬픔은 육적 욕망의 좌절에서 솟아나지만 욕망은 모든 욕정들과 연결되어 있다. 욕망을 이긴 사람은 욕정들을 이겼다. 그리고 욕정들을 물리친 사람은 슬픔에 지배당할 수 없다. 절제하는 사람은 음식이 없다 해서 슬퍼하지 않고, 정결한 사람은 고삐 풀린 쾌락을 얻을 수 없다 하여 슬퍼하지 않는다. 온유한 사람은 앙갚음할 수 없다고, 겸손한 사람은 인간적 영예를 얻을 수 없다고, 부에 무관심한 사람은 무언가를 잃었다고 슬퍼하지 않는다. 실상 그들은 이 모든 것을 피하여 원하지 않는다. 갑옷을 새로 갖추어 입은 사

람은 화살에 해를 입지 않으니 이처럼 욕정들에 충동되지 않는 사람은 슬픔에 해를 입지 않는다." 2)

여기에서 다루는 슬픔은 나쁜 슬픔입니다. 에바그리우스는 슬픔을 '영혼의 좀벌레'에 비유합니다. 요즘은 나프탈렌 같은 방충제가 좋아서 책을 쏠거나 옷감을 쏠아 상하게 하는 벌레들을 보기는 어렵지요. 어쨌든 슬픔은 사람의 마음속에 파고들어 천천히 삶을 갉아먹는 좀벌레와 같다는 이야기입니다. 그래서 슬픔을 빨리 몰아내지 않으면 나쁜 곰팡이처럼 우리 마음속에 붙어살게 되어, 결국 삶의 즐거움을 몰아내고 마음을 메마르게 만듭니다. 살다 보면 불의하게 고통을 겪을 때도 있고 매일매일 벽에 부딪치기도 합니다. 이해할 수 없는 고통들, 나의 바람들이 막혀 버리는 체험도 하게 되지요. 그럴 때 슬픔이 태어납니다. 슬픔은 마음속에 어둠을 가져와서 정신을 어둡게 만들고 식별을 어렵게 만들지요. 마음을 가라앉게 합니다. 사람을 위축시켜 활동을 마비시키는 결과를 가져옵니다. 그러나 우리가 매일 마주치는 벽들, 반대들을 받아들일 줄 알면, 고통 속에서도 우리 상처를 가지고 작업할 수 있게 됩니다. 그럴 때 하느님과 이웃들이 주는 위로에 자신을 열 수 있지요. 그 전에 슬픔에 압도된 상태에서는 보이지 않던 것이 보이는 것입니다.

시기와 질투

슬픔의 본질은 '시간과 내가 맺는 관계의 왜곡'입니다. 약속의 땅을 찾아 광야를 헤매던 백성이 므리바에서 모세에게 대든 이야기를 앞서도 했습니다만 일상에서 어려움을 당하면 사람은 자연스럽게 "이집트 땅에서 고깃국을 먹던 때가 좋았지!" 하게 됩니다. 과거를 이상화하는 거지요. 과거를 그리워한다는 것은 현재가 힘들다는 이야기입니다. 다시 말하면 현재를 받아들이기가 어렵기 때문에 과거를 이상화하거나 미래로 도피하는 거지요. 이는 현실에 속하지 않으려고 상상의 세계 속에 숨는 일입니다. 현재를 '하느님께서 주시는 오늘'로 받아들이지 못하는 태도인데 나를 있는 그대로, 현재를 있는 그대로 직면하지 못하는 것입니다.

에바그리우스가 여덟 가지 악한 생각의 하나로 꼽았던 슬픔은 칠죄종에서 시기로 바뀝니다. 에바그리우스는 은수 생활을 하던 수도승들이 혼자 있을 때 공격해 오던 슬픔을 악한 생각의 하나로 보았지만, 이것이 공동생활을 하는 수도승들의 환경 안에 적용되면서 공동체에 주로 있는 시기로 바뀌게 된 겁니다. "다른 사람의 선, 부 등을 원할 때 내 안에 슬픔이 태어난다." 고백자 막시무스의 말입니다. 다른 사람이 잘되거나 성공을 거둘 때 겉으로는 축하를 해 주고 좋은 말을 해 주지만 속 깊은 곳에서는 무언가 다른 감정이 있지요. '저것이 나의 것이었으면!' 하는 생각이 아주 미세하게나마 듭니다. 그래서 시기를 특별한 형태의 슬픔이라고 합니다. 내가 사랑하고 원하는 것을 다른 사람이 가지고 있을 때 내 안에 태어나는 슬픔이기 때문입니다. 시기는 나를 타인과 비교하는 데서 생깁니다. 하느님께서 다른 사람에게 허락하신 선물을 감사로 받아들일 수 없을 때 타인의 선이 나에게는 악이 되어 버리지요. "누구든지 주님께서 행하시는 선을 두고 형제를 시기하는 이는 하느님을 모독하는 것이다. 모든 선의 주인이신 지존하신 분을 시기하는 일이기 때문이다."[3] 아시시의 성 프란치스코가 한 말이지요. 특별히 공동체 생활에 더 많이 있는 것이 시기와 질투입니다. 시기는 내게 없는 것을 가지고 있는 사람에 대해 갖는 감정이고, 질투는 나에게 있는 것을 다른 사람에게 빼앗길까 봐 갖는 감정이라고 하지요. 그래서 시기는 두 사람 사이에서 일어나고 질투는 세 사람 이상의 사이에서 일어난다고 합니다. 시기와 질투에 대한 처방약은 감사입니다. 우리가 다른 사람이 가지고 있는 선물을 두고 참으로 감사할 수 있게 되면 그 선물은 나의 것이 됩니다. 내게 있는 것도 마찬가지입니다. 사랑하는 사람들은 서로의 것을 나누게 되니까요.

슬픔을 기쁨으로

이탈리아의 그로세토 Grosseto라는 곳에 가면 노마델피아 nomadelfia*

라는 공동체가 있습니다. 2차 대전이 끝난 후 전쟁 중에 생긴 많은 고아들을 돌보기 위해 제노 살티니Zeno Saltini*라는 신부님이 만든 공동체인데 이 신부님은 지금 시복 심사 중입니다. 제노 신부님은 고아들의 수가 불어나서 거처가 좁아지자 전쟁이 끝난 후 비어 있던 포로수용소를 점거해서 살 정도로 추진력이 남다른 분이었어요. 그러나 많은 수의 자녀들을 돌보면서 빚이 너무 많아지자 신부님과 노마델피아는 스캔들에 싸이게 됩니다. 결국 로마 교황청이 개입해서 공동체의 빚을 갚아 주는 대신 신부님은 물의를 빚은 데 책임을 지고 공동체에서 떠나기로 합니다. 그러나 이후 일이 의도치 않게 흘러가게 돼요. 본래 노마델피아에서는 젊은 부부들이 공동체에 들어와 전쟁고아들을 입양하여 자기 자녀들과 구별 없이 키웠거든요. 그러나 제노 신부님이 공동체에서 손을 떼자 이 아이들을 구별하여 본래 고아였던 아이들은 다른 시설에 보내도록 하는 조치가 취해집니다. 이것을 보고 참을 수 없었던 신부님은 공동체로 돌아옵니다. 대신 교황청과 했던 약속을 어겼기 때문에 스스로 사제직을 포기하게 되지요. 사제직을 참으로 사랑했던 분이었기 때문에 이러한 결정은 그에게 깊은 고통을 가져다주었습니다. 당신 몸처럼 사랑하던 공동체가 분열되어 버리는 것만은 차마 두고 볼 수가 없었던 탓에 한 선택이었습니다. 그로세토는 밀라노대교구에 속하는 지역입니다.

당시 밀라노대교구를 이끌고 있던 이는 일데폰소 슈스터Ildefonso Schuster* 대주교였는데(이분 역시 후에 복자가 됩니다) 제노 신부님이 사제직을 포기하고 평신도로서 공동체에서 산 지 10년이 되던 날 슈스터 대주교가 공동체를 방문합니다. 방문을 마치고 돌아가며 선물로 남긴 작은 상자 안에는 검은 수단이 한 벌 들어 있었습니다. 사제로 다시 받아들이겠다는 표시였지요. 그래서 제노 살티니 신부는 가톨릭 역사상 첫 미사를 두 번 드린 유일한 사제로 기록되어 있습니다. 세상을 떠나던 날 제노 신부는 임종의 침상에서 유언을 남깁니다.

"나는 세상에서 여러분과 함께 참으로 행복했습니다. 그러니 내가 죽거든 울며 슬퍼하지 말고 대신 춤추며 기뻐하십시오."

노마델피아는 한데 모여 농사를 짓고 짬을 내어 춤과 노래를 연습하며 겨울철에는 세계 여러 곳으로 공연을 다니기도 하는데 신부님이 위독하다는 말을 들은 공동체 가족이 모두 공연 연습장에 모여 있었습니다. 제노 신부의 유언을 들은 공동체 가족은 그 자리에서 모두 노래하며 춤을 춥니다. 눈에는 눈물이 가득 고인 채로요.

슬픔을 기쁨으로, 눈물을 웃음으로 바꾸는 것은 삶의 신비이며 구원의 여정입니다. 자기에게 주어진 삶을 온전히 살아 내는 사람만이, 삶이 가져다주는 슬픔을 굳게 껴안은 사람만이 삶의 비밀, 기쁨의 비밀을 알게 되는 것 같습니다.

* **노마델피아(nomadelfia)**   이탈리아의 그로세토에 있는 국제적인 공동체. 사도행전의 그리스도교 공동체에서 영감을 받아 초대 교회에서 살았던 대로 살려는 목적으로 모인 공동체이다.

* **제노 살티니(Zeno Saltini, 1900-1981)**   1900년 이탈리아 모데나 지방 포솔리 디 카르피에서 태어남. 열네 살의 나이로 학교를 그만두었다. 이유는 학교에서 배우는 것이 삶에 큰 도움이 안 된다는 것이었다. 이후 군 복무 중 만난 무정부주의자들에게서 종교는 인간의 진보에 어둠이라는 주장을 듣고 결심한다. "내 삶으로 그에게 대답하겠다. 나는 먼저 자신을 변화시켜서 문명을 변화시킬 것이다. 나는 종도 주인도 되지 않을 것이다." 그는 법학과 신학을 공부하는 한편으로 가난한 사람들을 돕는 활동에 참여한다. 변호사가 되어 변호사 비용을 지불할 힘이 없는 사람들을 도왔으며 가난한 이들이 비참한 상태에 빠지는 것을 막으려 노력하였다. 이후 사제가 될 결심을 하게 된다. 1931년 그가 첫 미사를 봉헌할 때 복사를 선 사람은 막 감옥에서 풀려난 열일곱 살 다닐로였다. 그는 다닐로를 아들로 받아들였다. 1941년 '작은 사도들'이라는 단체를 설립하고 고아들을 자녀로 받아들이기 시작했으며 같은 해 이레네라는 여학생이 찾아와 '작은 사도들'의 어머니가 되겠다고 청한다. 1947년 '작은 사도들'은 포솔리에 있는 옛 포로수용소 건물을

점거하여 담과 철조망을 걷어 내고 자신들의 거처로 만든다. 1948년 2월 14일 '작은 사도들'은 '형제의 법'이라는 뜻의 '노마델피아'가 된다. 1981년 1월 15일 세상을 떠났다.

* 일데폰소 슈스터(Ildefonso Schuster, 1880-1954) 1880년 로마에서 태어났다. 11살에 아버지를 여의고 베네딕토수도원에 들어가 24살에 사제로 서품되었다. 이 년 후 수련장이 되었고 후에 아빠스가 되었다. 1929년에 비오 11세에 의해 추기경에 서임되었으며 그 해부터 1954년까지 밀라노 대교구장을 지냈다. 1996년 5월 12일 요한 바오로 2세 교황에 의해 시복되었다.

여덟 번째 강의

아케디아 혹은 우울, 장소와 맺는 뒤틀린 관계

아케디아, 영혼의 집을 부수다

'아케디아'는 현대어로 번역이 어려운 말입니다. 칠죄종에서는 '게으름'(나태)으로 변형되어 나타나는데 실망, 낙망, 권태, 무의미, 끈기 없음, 게으름, 우울 등 여러 가지 뜻을 담고 있어요. 우리가 쓰는 말 중에서 가장 여기에 가까운 말을 꼽자면 '우울'이나 '무기력' 정도가 될 것 같습니다. 요한 클리마쿠스는 아케디아를 '영혼의 마비'라고 부릅니다. 어떤 일을 꾸준히 하지 못하거나 한곳에 꾸준히 머무르지 못하는 사람을 가리켜 아케디아에 사로잡힌 사람이라고 합니다. 한곳에 머무르지 못한다는 것은 곧 그의 내적 상태가 늘 떠다니는 마음이라는 뜻이지요. 우리가 흔히 '역마살驛馬煞이 끼었다', 이런 말을 하는데 역마살이라고 하면 옛날 역에 배속되어 늘 뛰어다니던 역마驛馬라는 말과 나쁜 귀신이 사람이나 물건 같은 것을 해치는 짓을 뜻하는 살煞이라는 말이 합쳐져 된 말입니다. 늘 뛰어다니는 말처럼 한곳에 머물러 있지 못하는 사람이 역마살이 낀 사람이라고 한다면 '아케디아'라는 말을 우리 식으로 옮길 때 제일 어울리는 말인 것 같기도 합니다. 아케디아도 사람을 한곳에 머물러 있지 못하게 만드는 못된 마귀를 가리키니까요. 아케디아는 슬픔의 동료지만 그보다 훨씬 강합니다. 아케디아는 인격의 집, 곧 육신의 집과 현실이라는 집, 그리고 하느님의 집을 무너뜨리는 마귀라 할 수 있는데 자기가 머물고 있는 자리를 참을 수 없게 만들어 그 자리를 벗어나고 싶게 하고 자기 삶의 상태를 벗어나고 싶게 만듭니다. 그런 면에서 아케디아는 내가 '장소와 맺는 관계의 왜곡'이라 할 수 있어요. 절이 싫으면 중이 떠난다, 뭐 이런 말이 있습니다만 인격의 집이 무너지면, 다시 말해 내 자신이 맘에 안 들고 싫어지면 갈 데가 없지요. 두렵고 불안해서 편히 머무를 곳을 찾아 끝없이 헤매게 됩니다.

제가 사는 수도원 뒷동산에 토끼를 키우던 때가 있었습니다. 이십여 년 전의 이야기입니다. 선교사로 사시던 이탈리아 수사님이 고기 먹을 형편이 안 되어서 토끼를 키웠고 가끔 그 토끼를 잡아서 드셨던 거예요. 하루는 제가 푸성귀들을 거두어다가 토끼 새끼들 먹을 것을 주고 있는데 마침 수도원에서 키우고 있던 진돗개 하늘이가 토끼장 옆을 지나갔습니다. 그런데 진돗개가 옆으로 지나가니까 토끼장 안에 있던 토끼들이 안절부절못하며 날뛰기 시작했습니다. 그러다가 문이 열려 있는 토끼장 속의 새끼 토끼 한 마리가 밖으로 뛰쳐나오고 말았어요. 토끼를 본 진돗개가 가만있을 리 없지요. 냉큼 달려가더니 한입에 덥석 물어 버렸습니다. 놀란 제가 달려가서 개의 머리를 조르고 때리고 법석을 떤 끝에 토끼 새끼를 빼냈지만 너무 놀랐던 것인지 아니면 속의 내장이 상했던 것인지 시름시름 앓더니 이튿날 죽고 말았습니다. 토끼는 왜 그랬을까? 토끼장 안에 가만히 있었으면 살았을 텐데 왜 뛰어나와서 죽음을 자초했을까? 가끔씩 생각해 보았습니다. 토끼는 사나운 진돗개를 보고 그 냄새를 맡고 너무 불안해졌던 게지요. 가만히 있을 수가 없어서 무엇이라도 해야 하는 상황이 되었던 것 아닐까요. 그래서 제 집을 뛰쳐나와 마구 달려갔지만 결국 진돗개의 아가리에 물리는 결말이 되고 말았고요. 어쩌면 이것은 불쌍한 그 토끼만의 이야기가 아니라 모든 인간의 드라마인지도 모릅니다. 불안과 두려움 속에서 어쩔 줄을 모르는 채 충동적으로 말하고 행동하며 선택하고 살아가는 모든 사람들의 모습 말입니다. 사막 교부들의 이야기 가운데 하나를 들어 보겠습니다.

어느 형제가 압바 포에멘* 에게 아케디아에 대해 물었다. 원로가 그에게 대답하였다. "모든 것의 시작에 아케디아가 있는데 그보다 더 나쁜 정욕은 없다. 그러나 사람이 아케디아가 무엇인지를 안다면 참된 평화를 얻는다."¹⁾

밥을 먹거나 일을 하거나 노래를 부르거나 많은 경우 나의 마음이 나와 함께 있지 않다는 것을 자주 발견하게 됩니다. 모든 것을 마음을 다해서 한다, 이런 생각을 갖고 살았는데 시간이 지날수록 나 자신과 함께 있기가 어렵다는 것을 발견하게 되는 것 같습니다. 여기서는 다른 곳을 생각하고 정작 그곳에 가면 또 다른 것을 마음에 두고 있기 일쑤니까요. 어쩌면 이런 상태를 두고 압바 포에멘은 "모든 것의 시작에 아케디아가 있다."고 말했던 것 같기도 합니다. 요한 클리마쿠스는 아케디아의 입을 빌어 아케디아의 원인과 결과를 이렇게 설명합니다.

"내가 시작으로 삼는 원인들은 많고도 다양하다. 때로는 영혼들의 무감각, 때로는 하느님에 대한 망각, 때로는 지나친 피곤들에서도 그것을 이끌어 낸다. 그 결과 (아케디아에 빠진 이들은) 나에게 영향을 받아 장소들을 옮기게 된다. 영적 아버지에게 불순종하거나 하느님의 심판에 대해 망각하거나, 때로는 수도 생활을 포기하기도 한다."[2]

아케디아와 자기애

아케디아를 포함하여 모든 악한 생각의 근원에는 자기애(필라우티아)가 있습니다. 자기 자신에 대한 무절제한 사랑, 자신에 대한 지나친 관대함, 자신에 맞선 자신의 친구가 필라우티아라는 점은 앞서도 말한 바 있지요. 다음은 고백자 막시무스의 말입니다.

"자주 말했듯이 필라우티아는 모든 욕정을 품은 생각들의 원인이다. 실상 여기서 세 가지 욕정의 생각들이 태어난다. 목구멍의 악한 생각, 인색의 악한 생각, 허영의 악한 생각이다. 목구멍으로부터 음란의 악한 생각이, 인색으로부터 탐욕의 악한 생각이, 허영으로부터 교만의 악한 생각이 태어난다. 다른 모든 악한 생각들은 각각 이 세 가지를 따른다. 분노의 악한 생각, 슬픔의 악한 생각, 원한, 아케디아, 시기, 악담 등등이다. 그러므로 이러한 욕정들은 정신이 본질상 매우 가볍고 불처럼 움직일 수 있는 것임에도, 정신을 물질적인 것에 붙들어 매고 지독히 무거운 바윗돌 마냥 정신 위에 무거움을 더해서 그것을 땅위로 끌어내린다."[3]

인간이 잘못된 욕정에 사로잡히면 모든 것에서 자기 자신만을 찾게 됩니다. 그러나 그렇게 자기만을 찾아도 자기 욕심으로는 결코 자신 안에 도달할 수가 없지요. 우리가 자신을 찾는 것은 오직 하느님을 통해서만 가능한 일이기 때문입니다. 자기를 사랑하지만 자기를 만날 수 없으므로 자신에 대한 사랑은 모든 것을 맹목적으로 미워하게 만듭니다. 아케디아는 이러한 상태를 가리킵니다. 하느님에게서 떨어져 나와 자신만을 찾으며 결국 길을 잃어버리는 거지요. 이런 의미에서 자기애(필라우티아)는 우울(아케디아)의 시작이고, 우울(아케디아)은 필라우티아, 즉 눈먼 자기애가 겉으로 드러나는 모습입니다. 이런 사람은 자기에게만 매달리고 자기에게 갇혀 있기 때문에 자기를 줄 수도 없고 다른 이와 일치를 이룰 수도 없습니다. 하느님이 내 삶의 참된 주인이 아니라면 내가 이 세계의 중심, 하느님이 되어 버리는 것은 당연한 일입니다. 그러나 내가 진정한 하느님일 수는 없으므로 어디에서도 머물 자리를 발견할 수가 없습니다. 이 아케디아를 반영하는 모습으로 두 가지를 이야기하는데 첫째는 게으름, 둘째는 지독한 일벌레가 되는 것입니다. 게으름은 훗날 칠죄종에서 아케디아를 대체하게 되지요. 요한 카시아누스의 말입니다.

> "이집트에는 옛 아버지들의 거룩한 말씀이 전해 온다. '일하는 수도승은 단 하나의 마귀에게 공격을 받지만 게으름 속에 사는 수도승은 셀 수 없이 많은 악한 영들로 인해 망가

진다.' "4)

게으름은 단지 일을 하지 않는 것이 아니라 일상을 대하는 태도라고 할 수 있습니다. 게으른 사람은 모든 것을 공허하게 만듭니다. 제 안에 중심이 없어서, 그 어떤 것에서도 의미를 찾을 수 없기 때문이지요. 매일매일이 공허해지고 말도 행동도 관계도 시간도 공허해집니다. 내가 없으면 무엇에도 나를 줄 수가 없으니까요.

두 번째는 지독한 일벌레가 되는 것입니다. 이웃을 위해 봉사한다든가 하는 거창한 대의를 갖고 일에 몰두하지만 이것은 환상에 지나지 않으며 자신의 내적 공허를 가리기 위한 것입니다. 고귀한 목표에 매달려 일할수록, 이러한 활동이 오래 지속될수록 내면의 진실이 드러나는 순간 더 위험합니다. 그렇게 되면 지금까지 삶에 의미를 주었던 모든 것을 놓아 버리고 자신을 내팽개쳐 버리거나, 아니면 다른 일에 더 강하게 매달리거나 하게 됩니다. 우리가 살아가는 사회는 게으름을 허락하지 않는 곳입니다. 더 바쁠수록 중요하고 귀한 사람처럼 여겨지지요. 그러나 이런 활동과 일은 더 많을수록 더 깊은 공허와 불만족을 낳습니다. 우리가 일을 하는 것이 아니라 일이 우리를 몰고 다닌다고 할까요. 대단한 무엇을 하고 있는 것처럼 보이지만 실은 이것도 우리의 내적인 공허를 가리는 가면에 지나지 않습니다.

아케디아는 특별히 좁은 영혼, 협소한 지평을 가진 이를 더 쉽게 공격합니다. 비유적으로 말해 소인국의 세계에 사는 사람이 아케디아의 공격에 더 취약합니다. 타인과의 대화나 다양한 관심에 닫혀 있는 사람이 아케디아에 사로잡히기 쉽다는 이야기입니다. 삶의 중반기에 들어선 사람, 자신의 존재 전체를 점검하도록 초대받는 이들, '중년의 위기'에 빠진 사람들은 아케디아를 조심해야 합니다. 이 시기는 소유나 행위, 또는 자기 확인이라는 우상으로부터 벗어나 존재 전체를 바라보도록 초대받는 시기이기 때문입니다. 에바그리우스의 설명을 들어 보겠습니다.

"방랑자라 불리는 악령이 있다. 무엇보다도 여명이 밝으면 형제들에게 나타나 그의 정신을 도시에서 도시로, 집에서 집으로, 마을에서 마을로 돌아다니게 한다. 처음에는 단순한 대화를 나누는 정도지만 다음에는 아는 사람 몇을 우연히 만나 조금 길게 이야기를 하고, 만난 사람들로 인해 자신의 내적 상태를 망가뜨리며 조금 더 있다가는, 더 나아가 하느님에 대한 인식, 덕, 자신의 일, 신분도 잊어버린다. 그러므로 은수자는 어디서부터 지키기를 시작하고 어디서 지켜야 하는지 주의 깊게 살펴야 한다. 실상 그 돌아다님은 그냥

하는 일이거나 우연히 일어나는 것이 아니라 은수자의 상태를 망가뜨리려는 것이다. 그 만남으로 몸이 달아서, 사람들과 나누는 이야기에 취해서 그 어떤 것보다도 은수자의 맑은 정신을 잘 망가뜨리는 음란이나 분노, 슬픔의 마귀에게 즉시 넘어지게 하려는 것이다. 그러나 우리는, 그의 간교함이 무엇을 노리는가를 분명하게 알고자 한다면 즉시 그에게 묻지 말아야 하며, 벌어지고 있는 일, 다시 말해 방랑자 마귀가 우리 생각 속에 그러한 만남을 제안하여 영혼을 조금씩 조금씩 죽음에 이르기까지 밀어붙이고 있는 것을 그에게 드러내어서도 안 된다. 우리가 그것을 마귀에게 묻거나 드러내 버리면 마귀는 도망칠 것이다. 자기 일이 드러나는 것을 견디지 못하기 때문이다. 그러면 우리도 배우려 하는 것을 아무것도 배울 수 없게 될 것이다. 그러니 하루나 이틀 동안 그가 수작을 하는 것을 받아들이자. 그의 음모를 정확하게 알고 한마디 말로 그를 논박하여 도망치도록 할 수 있게 하려는 것이다. 그러나 유혹의 순간에 정신은 어두워져 있어 일어나는 일을 정확하게 볼 수가 없으므로 악령이 물러간 뒤에 이렇게 해야 한다. 자리에 앉아서 그대에게 일어난 일을 기억하라. 어디서 시작했는지 어디서 끝났는지. 그대가 음란이나 분노, 슬픔의 영에 사로잡힌 곳이 어디인지, 모든 것이 일어난 대로 기억하고 모든 것을 배우라. 그리고 마귀가 나타날 때 비밀을 간직하고 있는 장소를 또한 그에게 드러내어 그를 거부할 수 있도록 하며 더 이상 그를 따르지 마라. 그를 미치게 하고 싶으면 그가 나타나는 즉시 그를 거부하라. 그리고 그가 처음 가는 곳, 이어 둘째, 셋째로 가는 곳도 그에게 보여주라. 그는 머리끝까지 화가 나서 떠날 것이다. 부끄러움을 견디지 못하기 때문이다. 가장 적합한 방식으로 그에게 말하여 드러내면 생각이 그대에게서 도망칠 것이다. 일단 가면이 분명하게 벗겨지면 그것이 버티는 것은 불가능하다." [5]

자기 자신과 함께 살기

에바그리우스는 아케디아의 마귀를 방랑자라 칭하면서 이것이 수도승을 한자리에 있지 못하게 만든다고 합니다. 그러면서 그것이 내 안에서 어떻게 일하는지를 면밀히 살펴서 그에게 대응하라고 가르쳐 줍니다. 대 그레고리우스가 쓴 베네딕토 성인의 전기에는 '자기 자신과 함께 살기'habitare secum라는 유명한 말이 나옵니다. 베네딕토 성인의 덕이 높아져 유명해지자 근방에 살던 수도승들이 찾아와 자기들을 가르쳐 달라고 합니다. 내키지 않았지만 결국 허락한 베네딕토 성인이 그들을 지도하기 시작하자 이 사람들은 처음과는 다른 생각을 하게 됩니다. 힘들어졌던 거지요. 결국 이들은 베네딕토 성인을 독살하기로 마음먹습니다. 식사 때 마시는 포도주에 독을 탔는데 성인이 잔을 축복하자 잔이 깨져 버렸다고 해요. 내막을 알게 된 베네딕토 성인은 그들을 꾸짖고, '좋아하시던 호젓한 곳으로 되돌아가셔서 하늘에서 내려다보시는 분의 눈앞에서 당신 자신과 함께 홀로 지냅'니다. 베네딕토 전기를 쓴 대 그레고리우스는 '자신과 함께 산다.'는 말의 의미를 이렇게 설명합니다.

> "…그분은 개선되지 않는 그들 때문에 매일 지쳐 계시면서 당신 자신도 옳게 돌보지 못하셨다. 그분은 당신 자신도 그냥 버려둔 채 그들도 개선시키지 못하셨던 것으로 보인다. 사실 우리는 어떤 생각에 지나치게 골똘해 있다 보면 자신을 떠나 우리 자신 밖에 있기가 일쑤다. 그렇게 되면 우리는 있기는 하지만 우리 자신과 함께 있다고 할 수 없으니 우리 자신을 제대로 보지도 못하면서 다른 것들에 방황하게 되기 때문이다."[6]

베네딕토 성인의 일화를 곰곰이 들여다봅니다. 왜 성인은 자신을 독살하려던 수도승들을 꾸짖은 뒤 그곳을 떠나 '자신과 함께' 머물려 하셨을까? 어쩌면 당신을 죽이려 하는 사람들 앞에서 어쩔 수 없이 내면에서 솟구치는 분노를 목도하셨던 것은 아닐까? 분노한다는 것은 분노에 나를 맡기는 일이고 그런 면에서 나와 함께 있지 못하는 모습일지도 모릅니다. 그 사건을 통해 성인은 당신 자신과 함께 있지 못하는 자신을 보면서 고요한 곳으로 물러가 자신과 함께 머무릅니다. 여기서 자신과 함께 머문다는 말 앞에 '하늘에서 내려다보시는 분의 눈앞에서'라는 말이 있다는 것이 중요합니다. 자신과 함께 머문다는 말은 나와 함께 계시는 하느님과 함께 산다는 말과 같습니다. 하느님과 함께 있지 않으면 나 자신을 견디기가 어렵기 때문입니다. 민족들의 대이동으로 약탈과 문화 파괴가 일어나던 시대에 수도회를 일으켜 공동체를 건설하고 문화를 보존했던 베네딕토 성인은 한곳에 머무는 정주(定住, stabilitas)를 가르쳤습니다. 베네딕토수도회 회원들이 정주 서원을 하는 것은 널리 알려져 있지요. 베네딕토 규칙서 1장에는 바람직하지 않은 수도승들의 모습이 나옵니다. 항상 떠돌아다니는 떠돌이 수도승(기로바꾸스)들과 앞서 베네딕토를 독살하려 했던 이들처럼 규칙도, 아빠스도 없이 수도원 안에 머물지 않는 '사라바이따'라는 이들이 그들입니다. 어떤 장소에도 머물지 못하는 이들이면서 또 어떤 임무도 꾸준하게 행하지 못하는 사람들이지요. 아케디아에 대한 가장 우선적인 처방은 목표를 새롭게 바라보는 것입니다.

원로에게 (제자들이) 물었다.

"저는 왜 항상 낙심해 있는 것입니까?"

원로가 대답했다.

"그것은 네가 아직 목표를 보지 못했기 때문이다."

그러나 가장 중요한 처방은 인내입니다. 어려움이 닥칠 때 자기가 머무는 곳을 떠나지 않고 인내하는 것, 그것이 자기 자신과 함께 있는 일입니다. 그리고 그렇게 하는 사람은 귀한 보물을 발견하게 됩니다. 1961년 한국에 성바오로수도회를 설립한 바오로 마르첼리노* 신부님은 1934년에 이미 일본으로 건너가 성바오로수도회를 설립한 주역이었습니다. 그곳에 출판사와 라디오 방송국을 세우고 활발하게 활동하던 중에 체포되어 수감됩니다. 여러 가지 이유가 있었겠지만 유럽인이고 라디오 방송국의 설립자여서 방송국을 빼앗으려는 목적도 있었던 것 같습니다. 어쨌든 갑자기 감옥에 갇히게 되었는데 일제 당국은 무자비하기 짝이 없어서 수도회 사제를 감옥에 가두면서 성경책도 한 권 소지하지 못하게 했다고 합니다. 정말 난감한 상황이 되었지요. 성경책이 있으면 묵상을 하고 기도하는 데 도움이 되었을 텐데 말입니다. 그때를 마르첼리노 신부님은 이렇게 회상합니다.

"답답한 상황이었어요. 그런데 가만히 생각해 보니 나는 그때 이냐시오의 영신수련 일본어판을 출판하기 위해 막 교정을 끝낸 뒤였습니다. 그래서 이냐시오의 영신수련을 모두 기억하고 있었지요. 감옥에 있는 동안 나는 매일 영신수련을 할 수 있었습니다. 삶은 마치 호두열매와도 비슷합니다. 얼핏 보면 무척 단단하지만 잘 찾아보면 아주 맛있는 열매를 맛볼 수 있어요."

지금 삶의 여정에서 나는 어디쯤에 있는지 돌아봅니다. 어려움에 처해 있다면 그것은 무엇인지 생각해 봅니다. 그 어려움이 나로 하여금 이곳을 떠나고 싶게 한다면, 다시 말해서 나를 떠나고 싶게 만드는 것이라면 혹여 그것이 에바그리우스의 말처럼 나를 잘 숙성시켜 주는 포도주통 같은 것은 아닌지 생각해 보면 좋겠습니다.

"같은 장소에서 움직여짐 없이 오랫동안 그대로 있는 포도주통을 생각해 보라. 그 포도주를 옮겨 부으면 맑고 향기로운 술이 되어 있다! 그러나 포도주 통을 이리저리 옮기면 찌꺼기 맛이 나는 좋지 않은 포도주가 된다. 그대 자신을 그 포도주 통과 비교해 보라. 그리고 도움이 되는 경험으로 삼으라."[7]

* 압바 포에멘(340-450)   이집트의 수도승. 그의 이름 '포에멘'은 '목자'라는 뜻이며 「사막교부들의 금언집」에서 가장 자주 언급되는 이름이다. 그의 축일은 9월 9일이다.

* 바오로 마르첼리노(Paolo Marcellino, 1902-1978)   1902년 이탈리아 토리노에서 태어났다. 1916년 성바오로수도회에 입회하였고 1925년 사제로 서품되었다. 1934년 선교사로 일본에 파견되어 그곳에 공동체를 세웠으며 1961년에는 서울에 성바오로수도회 한국 공동체를 세웠다. 1978년 세상을 떠났다.

아홉 번째 강의

허영, 행위와 맺는 뒤틀린 관계

사람이 되는 것으로 충분하다

'착한 교황'이라 불리는 요한 23세가 교황 좌에 오른 것은 일흔일곱 살이 되던 1958년입니다. 그 이듬해 신학교 시절부터 친구였던 노사제가 교황청으로 찾아와 관례대로 무릎을 꿇고 요한 23세의 발에 입맞춤하려 했다고 해요. 요한 23세는 그를 만류하며 말했습니다. "뭐하는 건가? 전이나 지금이나 우리는 훌륭한 어머니들의 똑같은 자식들이잖아." 그러자 늙은 옛 친구가 말했습니다. "당신은 교황이고 그리스도의 대리인입니다…." 요한 23세는 그를 껴안으면서 대답했습니다. "와 줘서 고맙네. 나는 언제나 그랬던 것처럼 지금도 여전히 자네의 오랜 동기네. 어디서건 천국으로 가는 길은 똑같아. 우리가 신학교에서 공부하던 시절과 달라진 건 하나도 없네. 중요한 건 주님의 기도에 담긴 내용일세. 하느님의 이름, 그분의 나라, 그분의 뜻이 중요할 뿐일세. 그

외에는 중요하지 않아. 넘치든지 부족하든지 그럴 뿐이지."

가끔 자리나 직위가 사람보다 더 큰 것 같은 사람을 볼 때가 있습니다. 자리가 사람을 집어삼켜 버린 것 같은 인상을 받을 때가 있어요. 그러나 사람이 직위보다 더 크면 자리에 먹히지 않습니다. 세상 어떤 직위도, 그 어떤 것도 사람보다 더 클 수는 없어요. 그것을 모를 때 사람은 허영에 사로잡히는 것 같습니다. 내가 누구인지 모를 때 세상 것에 나를 주어 버리는 겁니다. 프랑스의 작가 폴 클로델*은 학술원 회원이 되고 싶어 하는 친구에게 그랬다고 합니다. "사람이 되는 것만으로 충분한데 왜 새삼 또 무엇이 되려고 하는가!"

아홉 번째 우리 이야기의 주제는 허영입니다. 허영은 에바그리우스의 '여덟 가지 악한 생각'에서는 일곱 번째 자리에 있지만 대 그레고리우스의 칠죄종에서는 보이지 않습니다. 교만과 합쳐져서 첫 자리에 있기 때문이지요. 요한 클리마쿠스 역시 둘을 구별하지 않습니다.

"어떤 이들은 허영을 교만과 구별하여 따로 다루기를 좋아하는데 이 때문에 근본이 되는 중요한 악한 생각은 여덟 가지이다. 반대로 신학자인 그레고리우스와 다른 스승들은 악한 생각들을 일곱이라 하는데, 나는 이분들에게 신뢰를 둔

다. 사실 허영을 물리친 뒤에 교만에 기울어진 채 남아 있는 이가 누구인가? 이 둘 사이에 차이가 있다면 아이와 어른이 다른 것, 밀과 빵이 다른 것과 같다. 즉 전자는 시작이고 후자는 완성인 것이다."[1]

요한 클리마쿠스는 허영이 시작이고 교만이 완성이라고 합니다. "누가 그대를 남다르게 보아 줍니까? 그대가 가진 것 가운데에서 받지 않은 것이 어디 있습니까? 모두 받은 것이라면 왜 받지 않은 것인 양 자랑합니까?"(1코린 4,7) 바오로 사도는 코린토인들을 이렇게 꾸짖기도 했지요. 허영은 하느님께서 주신 것을 가지고 사람들에게서 영광을 받으려 하는 것을 가리킵니다. 그렇게 영광을 찾는 사람은 나중에는 스스로를 하느님처럼 여기게 되는데 이것을 교만이라고 보는 겁니다. 어쨌든 허영은 사람들에게 인정과 존경, 칭찬을 받으려는 모습입니다. 허영에 사로잡힌 이들에게는 사람들이 나를 어떻게 보는가가 중요한데, 이는 내가 누구인지를 남들이 결정하게 만드는 일이지요. 내가 누구인지 모르기 때문에 내가 하는 일, 내가 맡은 직위, 나의 재산, 나의 인간관계 등을 가지고 사람들한테 인정받으려고 합니다. 본말이 전도되는 거지요.

여기서 신학자 그레고리우스는 앞서 나왔던 대 바실리우스의 친구, 나지안주스의 그레고리우스를 가리킵니다. 그를 신학자 그레고리우스라고 부르게 된 것은 그가 380년에 삼위일체 교의를 변론한 '다섯 편의 신학적 연설' 때문입니다. 그는 그리스도인 데모스테네스*라 불릴 정도로 뛰어난 연설가여서 많은 사람들을 감동시켰고 그 뒤로 '신학자'라는 별칭을 얻게 되었습니다. 원래 동방 교회에서 '신학자' 그러면 복음사가 요한을 가리켰다고 해요. 요한 복음 1장은 "한처음에 말씀이 계셨다." 이렇게 시작합니다. 14절에서는 "말씀이 사람이 되시어 우리 가운데 사셨다."라고 하고, "아무도 하느님을 본 적이 없다. 아버지와 가장 가까우신 외아드님 하느님이신 그분께서 알려 주셨다."(18절) 이렇게 로고스 찬가를 마무리합니다. 말하자면 하느님이 누구이신가에 대한 이야기를 하고 있는 겁니다. '신학'이라든가 '철학', 이런 말만 들어도 우리는 "에구, 골치 아파." 이럽니다만 실제 '신학'이라는 말은 '하느님에 대한 말씀'이라는 뜻이랍니다. 복음사가 요한을 신학자라고 부르는 이유입니다. 이렇게 보면 누구나 신학자가 될 수 있습니다. 아니 누구나 신학자가 되어야 한다고 해야겠지요. 우리도 자기 삶을 가지고 말할 수 있는 거니까요. 하느님께서 어떻게 나와 함께하셨는지, 나에게 당신이 누구이신가를 어떻게 알려 주셨는지를 말입니다. 성경은 하느님께서 어떻게 이스라엘 백성과 함께하셨으며, 고집 피우고 제 갈 길로만 가는 그들에게 가까이 다가오셔서 구원의 길이 되셨는지를 이야기해 줍니다. 하느님께서 함께하셨기 때문에 그 역사는 거룩한 역사가 되었지요. 그렇다면 나의 인생을 하느님과 함께한 삶으로 바라볼 때 그것 역시 거룩한 역사, 성경이 됩니다. 그러려면 하느님은 하느님이 되게 하고 나는 내가 되어야 합니다. 하느님의 것을 내 것으로 삼으려는 근본적인 유혹, 즉 허영과 맞서 싸워야 하는 이유입니다. 예수님이 광야에서 겪은 유혹을 보면 '높은 데서 몸을 던져 사람들에게 우러러 보이라.'고 하는 허영의 유혹이 마태오 복음과 루카 복음에서 순서를 달리 하여 나타납니다. 교부들은 예수님이 받은 유혹을 대개 루카 복음서에 따라 탐식과 인색과 허영 순으로 바라봅니다.

담쟁이와 양파

여덟 가지 악한 생각에서 허영과 교만은 맨 끝의 두 자리를 차지하고 탐식과 음란은 맨 앞의 두 자리를 차지합니다. 탐식과 음란은 육적인 욕정들이고 허영과 교만은 정신적인 욕정들입니다. 이들 넷에는 고통이 따르지 않는다는 공통점이 있습니다. 이에 비해 나머지 넷, 즉 인색, 분노, 슬픔, 아케디아(우울)는 그 자체로 고통을 동반한다는 면에서 구별이 되지요. 허영은 아케디아 다음에 오지만 둘은 완전히 극단에 있습니다.

> "아케디아는 영혼의 힘을 소진시킨다. 그러나 허영은 하느님으로부터 분리된 정신에 다시 생기를 준다. 보는 사람들이 많기만 하다면, 정신이 병들었을 때 낫게 하고, 늙은 정신을 젊은이의 힘 있는 정신으로 바꾼다. 단식도 밤샘도 기도도 영혼이 준비되도록 깨울 수 없지만, 많은 사람의 칭찬만은 그렇게 할 수 있다." [2]

아케디아(우울)가 마음에 마비를 가져와 그 무엇에도 꾸준할 수 없게 만든다면 허영은 그 반대입니다. 누가 보고 있고 칭찬을 해 주기만 한다면 우리 안에 힘과 생기가 솟아나게 합니다. 둘은 서로 반대라서 우울은 허영을 내쫓고 허영은 우울을 내쫓습니다. 에바그리우스의 설명은 약간의 아이러니를 담고 있습니다. 단식도 밤샘도 못 하는 일을 많은 사람의 칭찬이 할 수 있다고 말하는 대목 말입니다. 요한 클리마쿠스는 허영을 우상 숭배로 봅니다.

> "허영에 빠진 자는 겉으로 보기에는 하느님을 공경하지만 실제로는 하느님이 아니라 사람들을 기쁘게 하려는 우상 숭배자이다. 허영에 빠진 자는 누구든지 자신을 드러내기를 사랑한다. 그의 단식은 보상받을 수 없고 그의 기도 역시 쓸데

가 없다. 단식이든 기도든 사람들에게 영광을 받으려고 하기 때문이다. 허영에 찬 수행자는 두 배로 해를 입는다. 자기 몸을 힘들게 하면서도 아무 보상을 못 받기 때문이다."[3]

카시아누스는 허영이 무척 미세한 영이라서 가장 예리한 눈이라도 겨우 알아볼 수 있다고 말하는데 그것이 다른 덕과 쉽게 섞이기 때문입니다. 에바그리우스는 허영을 담쟁이에 비유합니다. 허영은 "모든 덕스런 일들과 쉽게 섞인다. …담쟁이는 나무를 감고 자라는데 꼭대기까지 이르면 뿌리를 마르게 한다. 허영은 덕들과 함께 솟아올라 그 덕의 힘을 절단하기 전까지는 멀어지지 않는다."[4] 자신에게 덕이 있다고 여기는 사람에게 스며들기 쉬운 것이 이 허영이라는 이야기입니다. 자기가 하는 것들을 모두 사람들에게 드러내 보이려고 하기 때문입니다. "허영으로부터 도망치기는 어렵다. 그것을 없애려고 무엇을 하든 새로운 허영의 원천이 되기 때문이다." 에바그리우스의 경고입니다. 요한 23세 교황은 열여섯 살 때부터 '영혼의 일기'를 썼는데 거기 보면 "농담으로라도 내가 무얼 잘한다는 말을 하지 않는다."는 구절이 있습니다. 교묘하게 마음을 파고들어 오는 허영을 경계하는 말이겠지요. 다시 카시아누스의 말입니다.

"어떤 사람 안에서 허영의 영이 우아하고 깨끗한 옷맵시를 드러내게 하는 허영을 불러일으키지 못했다면 가난하고 낡은 옷을 입고 그렇게 하도록 제안한다. 영광으로 박수받는 데 실패하는 이는 겸손으로 떨어짐으로써 박수를 받으려 한다. 우아한 언어와 학식의 쇼로 들어 높여지지 못한 이는 과묵한 태도의 엄격성으로 자기를 낮춘다. 누가 모든 이 앞에서 단식을 한다면 그것으로 칭찬받도록 유혹받지만 누가 영광을 멸시함으로써 단식하는 것을 숨기려 한다면 다시 같은 허영의 악덕으로 떨어진다. 허영의 전염병에 전염되지 않기 위해 형제들 앞에서 길게 기도하기를 피한다면 보는 사람 없이 숨어서 기도한다는 사실 때문에 허영의 공격을 피할 수 없다. 원로들은 양파라는 멋진 이미지로 이 병의 본질을 설명하였다. 껍질 하나가 벗겨지면 즉시 다른 것이 나오고 덮고 있는 껍질을 벗기면 벗겨 낸 것과 같은 것이 다시 나타난다."[5]

예리한 지적입니다. 허영은 근본적으로 다른 사람의 시선을 끌고 인정을 받으려고 하는 것이기 때문에 멋진 옷을 입고 뽐낼 수 없다면 오히려 허름한 옷을 입고 시선을 끌려고 한다는 이야기입니다. 같은 식으로, 영광이 안 되면 겸손으로, 능변이 안 되면 눌변과 과묵으로 사람들의 시선을 끌려고 한다는 거지요. 무언가를 잘하게 되면 그것이 덕스러운 행동이라 할지라도 자기 깊은 속에서는 허영의 유혹에 빠질 수 있다는 뜻입니다. 허영을 담쟁이에 비유하는 것은 이런 의미를 내포하고 있습니다. 허영은 이렇게 그 덕과 함께 자라다가 꼭대기에 이르면 담쟁이가 스스로 감고 올라간 나무 자체를 온통 뒤덮어 말라 죽게 하듯이 그 덕 자체를 없애 버린다는 말이지요. 그렇기 때문에 다른 악한 생각들이 우리를 공격하다가 실패하면 다시 허영을 통해서 우리 안에 들어오려고 시도한다고 합니다. '내가 이 공격들을 이겨 냈구나!' 하는 생각이 허영을 키우고, 그렇게 우리가 허영에 빠지는 순간 지금까지의 노고가 한순간에 수포로 돌아가 버립니다. 에바그리우스의 이야기입니다.

"허영은 수면 아래 숨은 암초이다. 그대가 암초에 부딪힌다면 배에 실은 짐을 잃는다. 현명한 사람이 자기 보물을 숨기듯이 지혜로운 수도승도 덕의 노고를 숨긴다. 허영은 광장에서 기도하라고 부추기지만 그것을 물리치는 사람은 자기 방에 들어가 기도한다. 어리석은 자는 자기 재산을 모두에게 소리쳐 알려 많은 사람들의 위협을 자초한다. 그러나 그대는 그대의 재산을 숨기라. 실상 그대는 평화로운 도시에 이르기 전까지는 도적들이 우글거리는 길에 있으니 거기 도착하면 안전하게 그대의 것들을 즐길 수 있으리라. 허영에 찬 사람의 덕은 부러진 뼈들의 희생이니 하느님의 제단에 운반되지 않는다. …너의 노고를 인간적인 영광에 팔아 버리지 말고 앞 날에 누릴 영광을 명예와 바꾸지 말라. 인간적인 영광은 먼지 속에 살고 그의 명예는 땅 속에서 꺼진다. 그러나 덕의 영광은 영원히 남는다."[6]

허영은 본질에 있어 우리가 행위와 맺는 관계가 왜곡된 것이라 할 수 있습니다. 무엇을 할 때는 그것의 본래 목적이 있는데 허영은 그것이 아니라 행위 자체로 사람들의 칭찬과 인정을 구하려 하기 때문입니다. 드러나는 것, 행하는 것에 더 중요성을 두는 거지요. 그러나 인간은 그가 누구인가가 중요하지 그가 무엇을 하는가가 중요하지 않습니다. 허영의 제물이 된 사람은 반드시 자기가 행동을 통해서 얻고자 하던 거짓된 이미지와 실제 자기의 모습이 함께 갈 수 없는 날을 만나게 됩니다. 그것은 심각한 추락을 가져오지요. 허영이 크면 클수록 높은 데서 떨어지기 때문에 더 위험합니다. 사막 교부들의 가르침을 들어 보겠습니다.

한 형제가 켈리아의 압바 요셉에 대해 말했다. "압바께서 돌아가실 때 나는 그분과 함께 살고 있었기 때문에 그분께 여쭈었다. '나의 아버지, 제가 구원을 얻을 수 있는 말씀을 하나만 말씀해 주십시오.' 그분이 나에게 대답했다. '가서 사람들을 기쁘게 하는 것은 하나도 하지 말아라.' 그러고서는 그 말씀을 세 번 되풀이하셨다. '너에게 사람들을 기쁘게 하려는 행동을 하지 말라고 나는 말했다. 사실 사람들을 기쁘게 하기를 좋아하는 자들은 사람들을 망치는 것이다. 그들로부터 도망쳐라. 그러면 구원받을 것이다!'"[7]

대 바실리우스는 하나의 죄에서 회개한 뒤 다시 죄에 빠지는 사람은 어떻게 해야 하는가? 하는 수도승들의 질문에 답하면서 허영에 대해 다룹니다. 그가 보기에 우리가 죄에 자주 빠지게 되는 것은 허영에 깊이 물들어 있기 때문입니다.

"…사람들이 주는 영광을 바라는 이는 영예를 받는 이와 불화하게 되고 자기보다 더 영광을 받는 이를 시기한다. 그러므로 누가 한번 시기나 불화에 몸을 맡기고 다시 같은 죄에 넘어지면 불화와 시기의 첫째 원인인 허영에 깊이 병들었음을 알아야 한다. 따라서 그에 반대되는 것, 즉 겸손을 통해 악에서 치유해야 한다. 겸손의 실행은 가장 소박한 일을 함으로써 이루어진다. 겸손의 내적 상태에 한번 도달하면 앞서

말한 영광에 대한 사랑이라는 열매들 속에 다시 빠지지 않을 것이다." [8]

아래로 기어라

　대 바실리우스가 말하는 허영에 대한 처방은 겸손입니다. 허영에 반대되는 겸손으로 허영을 치유할 수 있으며, 우리의 내적 상태가 겸손에 이르렀을 때 다시는 허영에 빠지지 않을 것이라는 말입니다. 한국의 민주화 운동 과정에서 많은 사람들에게 정신적 스승이었던 무위당 장일순* 선생은 따르는 사람들에게 늘 "민중의 가랑이 사이로 기어라."라고 가르치셨다고 해요. 한번은 원주의 어느 계곡 길에서 장일순 일행이 아는 사람들을 마주쳤답니다. 그 사람들 가운데 하나가 불쑥 장일순 선생에게 말했습니다. "선생님, 선생님은 남들 보고는 늘 아래로 기어라, 아래로 기어라 하시면서 정작 선생님은 기는 일이 없지 않습니까?" 그런데 바로 그 순간 장일순 선생은 바로 그 사람 앞에 무릎을 꿇고 넙죽 엎드려 절을 했다고 합니다. 갑작스레 물음을 던진 사람이나 장일순 선생과 함께 가던 일행이나 어안이 벙벙해졌다고 하는데 이런 질문 앞에서 바로 이런 식으로 대답할 수 있는 사람은 자신이 누군지를 분명히 알고 있는 사람일 겁니다. 이런 사람만이 자신을 진정으로 낮출 수 있고, 나이나 지위나 부유한 정도 같은 것에 구애받음 없이 다른 사람을 한 사람으로 받아들일 수 있을 거예요. 로욜라의 성 이냐시오의 묘비명에는 "가장 큰 것에 압도되지 않고 가장 작은 것 속에 깃드는 것, 이것이 바로 신적인 것이다."라는 말이 새겨져 있다고 합니다. 가장 큰 것은 무엇일까, 그것은 나라는 생각이 듭니다. 나에게 가장 큰 것은 나이고 나에게 가장 작은 것은 하느님이겠지요. 나에게 압도되지 않고 가장 작은 것 안에 안긴다는 것, 이것이 바로 겸손의 길입니다. 겸손은 진실일 뿐입니다. 내가 내가 되는 것이 바로 하느님을 하느님으로 알아뵙는 일입니다.

* 폴 클로델(Paul Claudel, 1868-1955)   시인, 극작가, 외교관. 프랑스의 북부 빌뇌브 쉬르 페르에서 출생. 젊은 시절 신앙을 버렸으나 1886년 노트르담 대성당에서 성탄 미사 중 성모 찬송을 들으면서 회심, 이후 그의 문학은 그리스도교적 주제를 다루게 된다. 조각가로 유명한 카미유 클로델이 그의 누이이다.

* 데모스테네스(기원전 384년-기원전 322년)   고대 그리스 아테네의 저명한 정치가이자 웅변가. 마케도니아 왕 필리포스 2세에 맞서 조국의 자유를 지키고 반 마케도니아 동맹을 세우고자 했지만 실패하고 자살로 생을 마감하였다. 본래 말더듬이였으나 위대한 연설가가 된 입지전적 인물로 알려져 있다.

* 장일순(張壹淳, 1928-1994)   1928년 강원도 원주에서 태어났다. 사회 운동가, 교육자이며 생명 운동가이다. 1944년 경성 공업전문학교에 입학하였으나 이듬해 국립서울대학교 설립안 반대 투쟁에 연루되어 제적되었다. 1954년 원주에 대성학원을 설립하여 이사장으로 일하였고 1961년 5.16 군사 쿠데타 이후 3년간 옥고를 치렀다. 1971년 지학순 주교 등과 함께 박정희 정권에 맞서는 사회 운동을 벌였으며 이후 농민 운동을 거쳐 도농 간의 직거래, 자연농법 등을 요체로 하는 한살림 운동을 시작하였다.

열 번째 강의

식별과 기도

다시 태어난다는 것

"누구든지 위로부터 태어나지 않으면 하느님의 나라를 볼 수 없다."

밤중에 몰래 당신을 찾아온 니코데모에게 예수님은 말씀하십니다. 좀 수수께끼 같은 말씀이지요. 니코데모는 다시 묻습니다. "이미 늙은 사람이 어떻게 또 태어날 수 있겠습니까? 어머니 배 속에 다시 들어갔다가 태어날 수야 없지 않습니까?" "너는 이스라엘의 스승이면서 그런 것도 모르느냐?" 예수님은 니코데모에게 퉁박을 주시지요. "바람은 불고 싶은 데로 분다. 너는 그 소리를 들어도 어디에서 와 어디로 가는지 모른다. 영에서 태어난 이도 다 이와 같다." 역시 이 대답도 알쏭달쏭 이해하기 어려운 것은 마찬가지입니다. '다시 태어난다는 것'은 무얼까? '위로부터 태어난다는 것'은 무슨 얘기일까?

어린 아기들이 풀장에서 헤엄치는 영상을 본 적이 있습니다. 아기들이 입을 다물고 물속에서 편안하게 앞으로 나아가는 모습을 처음 보았을 때는 놀라웠어요. '아니, 언제 이 아기들이 헤엄을 배웠을까?' 그런데 가만히 생각해 보니 태아들은 본래 엄마 배 속 양수 속에 있었던 거였습니다. 그곳에서는 숨을 쉴 필요도 없겠지요. 저도 언젠가 그곳에 있었지만 이 글을 읽으시는 독자와 마찬가지로 그 시절을 기억하지 못합니다. 어쨌든 그곳은 가장 편안한 곳입니다. 모든 것이 탯줄을 통해서 공급되니까요. 먹을 것을 찾을 필요도 없고 안전한 데를 찾아 숨거나 할 필요가 없는 곳, 모든 것이 다 갖추어져 있는 자리, 엄마의 사랑 속에 온전히 잠겨 있는 곳입니다. 아기들은 풀장에 들어갔을 때 그 엄마의 배 속을 기억해 내는 거겠지요. 물속에서 살고 있었으니 물에서 어떻게 할지 본능적으로 알고 있는 게 아닐까요. 그렇지만 세월이 흐르면서 그 기억이 점점 희미해지면 나중에는 물속에서 살던 시절을 잊어버립니다. 다시 물에 적응하는 법, 숨 쉬는 법, 팔다리 내젓는 법을 배워야 합니다. 예수님께서 말씀하시는 '다시 태어난다는 것'은 그런 것이 아닐까요. 그 온전한 사랑, 온전한 평화 속으로 다시 들어가는 것 말입니다. 하느님과 온전한 관계 속에서 살던 그 사랑의 나라로 돌아가는 것 말예요. 물론 엄마 배 속으로 들어가야 한다는 이야기가 아니라 하느님과 온전한 관계로 되돌아가는 것, 그래서 자신을 온전히 사랑할 수 있는 자리로 돌아간다는 이야기입니다. 하느님을 받아들인다는 것은 자신을 있는 그대로 받아들이는 것입니다. 하느님은 있는 그대로 나를 사랑하시니까요. 그래서 하느님을 믿는 것은 나를 사랑하는 것이 됩니다.

'죄란 무엇일까?'라는 질문의 답을 찾으면서 여기까지 왔습니다. 탐식, 음란, 탐욕, 분노, 슬픔, 우울, 허영… 전통적으로 중요하게 여겨온 여러 죄의 모습들이 있지만 실상 그것들의 뿌리에는 자기 안에 갇혀 있는 모습, 눈먼 자기애가 있음을 보았습니다. 이처럼 '내 안에 이미 무언가가 있다.'고 할 때 그것이 이 자기애(필라우티아)를 가리키는 것이라 할 수 있을 것 같습니다. 마르코 복음서를 보면 예수님이 게라사인들의 지방에 가서 더러운 영이 들린 사람을 만나 물으십니다. "네 이름이 무엇이냐?" 더러운 영은 대답합니다. "군단입니다. 수가 많으니까요." 여기서 군단은 '로마 군단'Region을 말하는 것일 텐데 로마 군단은 적을 때는 삼천 명, 많을 때는 육천 명으로 이루어져 있었다고 합니다. 예수님이 만난 그 사람은 적어도 삼천 개의 영이 씐 사람이었던 겁니다. 사람이 삼천 개로 나뉘어 있는 거니까 도무지 살 수가 없었겠지요. 쇠사슬도 끊어 버리고 무덤가에서 제 몸을 돌로 마구 찧으면서 살았다고 하지 않습니까. 서양 사람들은 악마를 '디아블로diablo

라고 부르는데 이 말은 '나누다', '분열시키다'는 말에서 왔다고 해요. 지금까지 우리가 살펴본 죄의 모습도 온전히 통합된 인간으로서 자신과 함께 있는 인간이 아니라, 분열되어 음식이든 육체든 물질이든 혹은 다른 사람이든 그것들과 잘못된 관계를 맺고 살아가는 것이었지요. 말하자면 내가 분열되어 있으므로 다른 것들과도 온전하게 관계를 맺으면서 살 수가 없다는 이야기입니다. 신앙인의 입장에서 생각해 보면 내가 바깥과 맺는 관계는 내가 나 자신, 내가 하느님과 맺는 관계의 반영이라는 이야기가 됩니다. 여덟 가지 악한 생각들이 각기 잘못된 관계를 가리키고 있는데, 다시 말해서 탐식은 음식과, 음란은 육체와, 탐욕은 재물과, 분노는 타인과, 슬픔은 시간과, 우울은 장소와, 허영은 행위와 맺는 관계가 어긋나 있는 것이라고 할 때 이 모든 것의 뿌리에는 교만이 있다고 말할 수 있습니다. 교만은 내가 하느님과 맺는 관계가 어긋나 있는 것입니다.

네 마음으로 돌아가라

사제 서품을 준비하면서 피정을 하러 갈 때 제게는 고민이 있었습니다. '내가 과연 사제가 될 수 있을까? 사제는 신부神父, 말하자면 영적 아버지인데 내가 아버지 노릇을 할 수 있을까?' 하는 고민이었어요. 저는 어릴 때부터 아버지와 함께 살지 않았는데 그래서 아버지가 어떻게 하는지를 본 적이 없었습니다. 아버지와 저의 관계, 그것이 제 삶에서는 아주 중요한 질문이었는데 사제품을 앞두고 다시 중요한 문제로 떠오른 겁니다. 피정에 들어간 며칠 후 저녁, 지도신부님이 같이 피정을 하던 저희에게 뜬금없는 질문을 하셨습니다. "수사님들, 예수님의 기도 시간이 언제인지 아세요?" "예? 그걸 저희가 어떻게 알아요?" 그랬더니 신부님이 하시는 말씀이 이랬습니다. "복음서에 보면 예수님이 아침 일찍 일어나 기도하러 외딴곳으로 가셨다, 이런 구절이 나오잖아요? 오늘 저녁 잠자리에 들기 전에 잠깐 기도를 하십시오. '예수님, 당신의 기도 시간을 알려 주세요.' 하고요. 예수님이 알려 주시면 새벽 어느 시간에 잠이 깰 겁니다. 그러면 밖으로 나가서 기도하세요."

저는 그대로 했습니다. 불을 끄고 잠자리에 누워서 잠들기 전에 신부님 말씀대로 기도를 했던 겁니다. 그런데 정말 새벽에 눈이 번쩍 뜨이는 거예요. 본래 저는 머리를 바닥에 대면 바로 잠들고, 한번 잠들면 아침이 되기 전까지는 안 깨는 사람입니다. 시계를 보니 두 시 반이었습니다. 주섬주섬 옷을 챙겨 입고 밖으로 나가려고 하니 피정 집 문이 잠겨 있었습니다. 산 위에 있는 피정 집인데다 깊은 밤중이라 어디 가서 열쇠를 찾을 수도 없는 형편이었어요. 할 수 없이 경당에 가서 기도를 드리고는 '주님, 이

제 가서 잘 게요.' 하고 침실로 돌아오는데 마침 제 침실이 이층에 있었거든요, 계단을 올라오다가 퍼뜩 '아, 베란다가 있구나. 밖에 나가서 기도하라 하셨으니까 베란다가 열려 있는지 보자.' 하는 생각이 들었습니다. 베란다 문을 밀어 보니 문이 열렸습니다. 베란다 문을 열고 한 발을 내딛는 순간 깨달았습니다. '아, 아버지가 나를 부르셨구나.' 하는 깨달음이었어요. 밤하늘에 별이 가득했는데 그 별들 하나하나가 제가 살아오면서 만난 모든 사람들의 영혼처럼 여겨졌습니다. 예수님께서 새벽에 일찍 일어나 기도하러 가신 이유를 알 것 같았어요. 공생활 하시는 동안 만난 수많은 사람들, 병을 고쳐 주고 악령을 쫓아내며 하느님 나라의 신비를 가르쳐 주셨던 그 수많은 사람들을 품고 새벽녘에 아버지를 만나러 가셨구나, 하는 생각이 들었습니다. 나에게도 세상의 영혼들을 찾아가라고 하시는구나, 그래서 신부가 되도록 부르시는구나, 하고 알게 되었지요. 육신의 아버지를 미워하는 마음은 하늘의 아버지에 대한 원망과도 연결되어 있었던 거였어요. 그것은 나의 고통과 화해하는 일이기도 했고 어떤 면에서는 나 자신과 화해하는 일이기도 했습니다.

    그 이후로 제가 수도원의 어른들에게 품고 있던 분노가 어디서 온 것인가, 하는 것을 보게 되었습니다. 저는 또래나 후배들과는 잘 지내는 편인데 이상하게도 수도회의 어른들과는 가끔 충돌하는 일이 있었습니다. 그동안은 제가 정의로워서 그러는 거라 믿고 있었습니다. 나는 약자에게는 약하고 강자에게는 강하구나, 이러면서 살고 있었는데 그게 착각이었던 거지요. 실은 아버지에게 품고 있던 분노가 원인이었던 겁니다. 분노가 타인과 맺는 관계의 왜곡이라고 했었습니다만 그것은 또한 제 안에 또 다른 깊은 뿌리를 갖고 있었던 거지요. 죄라고 하는 것이 복되다고 말하는 것은 이런 이유에서입니다. 그 자리가 실은 나의 하느님을 만날 수 있는 자리니까요. 아우구스티누스는 그래서 오직 두 가지, 하느님과 인간만을 알고 싶으며 다른 것은 알고 싶지 않다고 합니다. 그는 "나를 알게 하시고 당신을 알게 하소서."Noverim me, noverim Te [1]라고 기도하지요. 나를 아는 것이 하느님을 아는 것이라는 이야기입니다. "신학은 인간학이다."라고 말한 어느 신학자의 이야기도 결국은 같은 맥락이겠지요. 그러므로 자신에게 주의를 기울이고 매일 내 안에서 일어나는 일에 깨어 있어야 합니다. 식별이라 부를 수도 있고 성찰이라 부를 수도 있는 작업입니다.

"네 마음으로 돌아가라, 그리고 네 마음으로부터 하느님께로 가라. 네 마음으로 돌아가면 너는 네게 아주 가까운 곳으로부터 하느님께로 돌아가는 것이다. 네가 네 밖으로 나가 있기 때문에 세상 것들이 너를 혼란스럽게 한다. 너는 너의 내면으로부터 유배의 길에 있었다. 네 밖에 있는 것들을 찾아, 너는 너를 잃었다. 네가 안으로 들어가면 세상 것들은 즉시 밖에 있게 된다. 외적인 부들이 있다. 그러나 밖에 있는 것들이다. 금과 은, 많은 돈, 의복, 거래하는 사람들, 종들, 가축들, 명예는 밖에 있는 것들이다."2)

아우구스티누스의 강론(311번)에 있는 내용입니다. 우리가 나를 잃어버렸기 때문에 결국 세상에 사로잡혀 살게 된다는 말인데요, 그것을 금과 은, 돈과 옷, 거래인들, 종과 가축들, 명예와 같은 우리가 일상에서 접하는 상황들과 연결 지어 말하고 있습니다. 일상에서 자신에게 깨어 있는 일이 중요하다는 뜻이지요. "자신이 하는 일을 보지 않는 사람은 아무것도 할 수 없습니다. …양심 성찰은 영혼의 참된 시계이며 내가 어디 있는지를 알려 줍니다." 복자 야고보 알베리오네* 신부님의 말입니다. 성찰은 마음을 들여다보는 일입니다. 앞서도 살펴보았지만 내가 바깥과 맺는 관계는 내가 나 자신과, 하느님과 맺는 관계를 반영합니다. 그러므로 바깥, 즉 다른 사람과 맺는 관계를 통해 내가 나와, 하느님과 어떤 관계에 있는지를 살펴보는 겁니다. 제가 체험하던 분노, 수도회 어른들과 충돌했던 일이 실은 제 내면 깊이 숨어 있던 아버지와의 관계를 반영하고 있었던 것처럼요. 우리가 외적인 모습에만 시선을 두고 있으면 나와 관계가 좋지 않은 사람을 비판하고 미워하며 살게 됩니다. "나는 아무 문제가 없어. 모든 게 다 쟤 때문이야!" 이러지요. 누군가를 손가락질할 때 한 손가락은 그를 가리키지만 나머지 네 손가락은 너 자신을 가리키고 있다는 말이 있습니다. "위선자야, 먼저 네 눈에서 들보를 빼내어라. 그래야 네가 뚜렷이 보고 형제의 눈에서 티를 빼낼 수 있을 것이다."(마태 7,5) 예수님께서 이렇게 말씀하신 것은 어떤 면에서 자신에게 맹인인 우리를 두고 하시는 말씀일 거예요.

저는 하루를 마무리하고 잠자리에 들기 전에 조용한 곳을 찾아갑니다. 수도원 성당의 감실 앞이 가장 좋은 곳이지요. 몸과 마음이 고요해지면 하루를 가만히 반추해 봅니다. 이런 일도 있고 저런 일도 있었습니다. 어떤 일은 기쁨이었고 어떤 일은 마음을 상하게 하기도 했어요. 그런 일들을 한두 개 정도 정해서 자세하게 살펴봅니다. 그 일은 어떻게 시작되었나, 누구와 연관되었나, 어떻게 진행되었나… 이렇게 경위를 찬찬히 바라보는 거예요. 마음이 급박해서 또는 감정에 휘말려서 마구 살아 냈던 그 사건이, 차분한 마음으로 바라보면 좀 다르게 보입니다. 대개는 마음이 상했던 일들을 정해서 성찰하게 되는데 이렇게 전체상을 보는 겁니다. 그리고 그 사건에서 제가 마음 상했던 걸 살펴봅니다. 나는 무엇을 느꼈는지, 내 감정은 어떤 것이었는지를 살펴봅니다. 아우구스티누스 성인의 말대로 나의 마음으로 돌아가 보는 거지요. 아, 이런 마음이었구나. 그때 내가 느낀 감정은 이런 거였구나, 이렇게 정리가 되면 그다음에는 그때 내게 떠오른 생각은 어떤 것이었나? 살펴봅니다. 사람은 속에 어떤 감정이 생겨나면 그것이 무엇인지 해명하려고 합니다. 예를 들어, 억울한 감정이 들면 '왜 나만 갖고 그래? 동생이 그럴 때는 아무 말도 않더니!' 한다든가 무언가 싫어지면 '아, 그러게 처음부터 여기 안 오려고 했는데!' 이렇게 생각을 하게 되는 거지요. 그 순간 내게 떠올랐던 생각을 살피고 나면 그다음에는 실제 나의 반응은 어떤 것이었나를 봅니다. 마음 상하고 힘든 상황에서 우리가 실제 행하는 반응은 비슷비슷한 경우가 많습니다. '자동 반응'이라고 부르기도 하는데 실은 마음을 다친 나를 지키고 보호하려고 하는 반응이지요. 상황을 지배하려고 할 수도 있습니다. 힘을 쓰는 경우지요. 상대에게 순응하는 경우도 있고, 아무 일도 없었던 것처럼 반응하는 경우도 있습니다. 회피하려고 하는 경우입니다. 이렇게 내가 느끼는 것, 내가 생각하는 것, 그리고 내가 행하는 것을 모두 살펴봅니다. 마음과 생각과 행동입니다. 그다음에는 내가 느꼈던 것과 실제 반응한 것을 비교해 봅니다. 만약 이 둘이 다르다면 나는 그 순간 가면을 썼다는 이야기가 됩니다. 왜 나는 내가 느끼는 대로 행하지 않았을까, 혹은 못했을까? 나는 무엇이 두려웠던 것일까? 감정들 가운데 가장 깊은 것이 두려움이라고 합니다. 인간에게 가장 근본적인 문제인 죽음과 연관된 것이기 때문입니다. 제가 어른들과 관계에서 분노하고 화를 냈다면 그것은 제가 지키고 싶었던 것, 원했던 것이 있었다는 뜻입니다. 그것은 나 자신입니다. 부재했던 아버지에게 품었던 분노는 '왜 나를 지켜주지 않고 돌보아주지 않았느냐?'라는 것이었습니다. '아버지가 없어서 무서워요. 나는 어떻게 해야 하지요?' 두려움입니다. 존재에 대한 두려움, 죽음에 대한 두려움이지요. 성경에서 하느님이 인간에게 하시는 말씀 중에 제일 중요한 말씀을 하나만 꼽는다면 "두려워 말라!"라는 말일 겁니다. 내 깊은 곳의 두려움을 보는 것은 영적 여정에서 아주 중요한 일입니다. 그 두려움이 현재의 나를 만들어 왔을 테니까요. 대 그레고리우스는 성경 해석의 원리를 설명하면서 "역사로부터 신비로 올라간다." ab historia surgit in mysterium[3])라는 말을 한 적이 있는데 나의 삶을 바라보는 데도 같은 원리가 통하는 것 같습니다. 실제 있었던 일을 통해 내가 모르던 하느님을 찾아가는 거니까요. 이렇게 성찰을 마치면 나와 함께 나를 보아 주신 하느님께 감사를 드리고 성찰 전반을 꼼꼼하게 기록해 둡니다. 매일 성찰을 하고 그것을 기록해 두면 일종의 마음의 지도가 만들어지지요. 마음의 지도를 만들어 가는 행위 자체가 큰 내적 힘이 됩니다. 신영복* 선생은 이십 년이 넘는 수형 생활의 기억을 이야기하면서 '찬 벽 명상'이라는 것을 말씀하신 적이 있어요. 교도소에 많은 사람이 한뎃잠을 잘 때, 남들보다 한 시간 앞서 잠에서 깨어 '무 뽑듯' 조용히 몸을 빼어 차가운 교도소 벽에 기대고 살아온 생을 반추하며 그 의미를 살피던 체험이었는데 그 이야기를 들으면서 '이분이야말로 정말 수도자로 사셨구나!' 하는 생각이 들었습니다. 그분이 많은 사람에게 시대의 스승으로 존경받게 된 것은 이러한 성찰 덕이 아니었을까 생각해 봅니다.

너는 나고, 나는 너다

죄의 체험을 나의 하느님을 찾는 식별의 여정으로 삼는 것에 대해 살펴보았습니다. 그다음은 렉시오 디비나에 대해 나누고 싶습니다. 나의 삶에서 하느님의 발자취를 읽는 것이 식별, 혹은 성찰이라면 렉시오 디비나lectio divina는 말씀께서 친히 나를 읽으시도록 자신을 열어드리는 일이라 할 수 있겠습니다. 대 그레고리우스는 "하느님의 말씀에서 하느님의 마음을 배우라"[4]는 말을 남겼는데 하느님의 말씀을 통해 하느님의 마음을 만나게 되면, 하느님의 마음이 나의 마음을 만나게 되는 거라고 하겠습니다. 12세기 카르투시오수도회 회원이었던 귀고 2세*는 현재의 렉시오 디비나의 틀을 만든 분입니다. 다음은 그가 남긴 편지에서 독서

lectio, 묵상meditatio, 기도oratio, 관상contemplatio이라는 렉시오 디비나의 네 단계를 착안하게 된 경위에 대해 이야기하는 대목입니다.

"어느 날 손노동을 하고 있을 때 사람의 영적 활동에 대해 생각하게 되었습니다. 불현듯 독서, 묵상, 기도, 관상이라는 네 가지의 영적 단계가 생각 속에 떠올랐습니다. 이것은 몇 개 안 되지만 거대하고 믿을 수 없는 높이의 층계, 지상에서 천상까지 올라가는 층계입니다. 밑은 땅에 놓여 있으나 꼭대기는 구름을 뚫고 천상의 비밀을 꿰뚫습니다." 5)

첫 단계, 렉시오lectio는 하느님의 말씀을 듣는 단계입니다. 처음부터 내가 궁리하고 연구해서 이해하려고 하는 것이 아니라 하느님께서 무언가 말씀하시도록 계속 읽습니다. 복자 야고보 알베리오네 신부님은 성경을 어떻게 읽어야 하느냐는 질문에 "읽고 또 읽고 또 읽으십시오." 하셨다고 해요. 그렇게 읽어 갈 때 어떤 말씀이 나에게 다가옵니다. '렉시오'라는 말을 라틴어 사전에서 찾으면 표제어가 레고lego로 되어 있는데 우리가 말하는 레고 장난감의 그 레고지요. '모으다', '고르다'라는 뜻입니다. 그렇게 나에게 필요한 말씀이 다가오도록 말씀을 듣습니다.

둘째는 메디타시오meditatio입니다. 흔히 '묵상'이라고 옮기는

데, '되새김'ruminatio이라고 부르기도 합니다. 되새김, 혹은 반추 反芻라는 말은 소와 같은 초식 동물들이 풀을 얼풋 씹어 위에 넣었다가 뒤에 꺼내어 계속 되새김질하는 것을 가리킵니다. 클레르보의 베르나르두스*는 수도승들에게 '되새김질하는 순결한 동물'animalia munda et ruminantia[6]처럼 되라고 권고했다고 하지요. 우리가 하느님의 말씀을 계속 되새김질하게 되면 그것이 소화되어 우리의 몸을 이룹니다. 육화肉化의 과정이라고 부를 수 있을 것 같습니다. 개신교에서는 수육受肉이라고 하더군요. 셋째는 오라시오oratio입니다. '기도'입니다. 들은 말씀을 계속 되새김질하면 그것이 우리 몸이 되고 우리 몸에 들어온 말씀은 다시 우리 몸을 통해 말이 되어 하느님께 오릅니다. 말씀이 기도가 되는 과정입니다. 마지막으로 콘템플라시오contemplatio, '관상'입니다. 관상은 '하느님을 바라보는 것'이라고 합니다. 말씀이 우리 몸이 되는 정도에 따라 우리는 하느님을 닮습니다. 그리고 닮은 만큼 우리는 하느님을 알아볼 수 있습니다. 대 바실리우스는 친구 나지안주스의 그레고리우스에게 답장을 쓰면서 마치 아이를 보고 그 부모를 생각하듯이 친구의 필치를 보고 친구의 편지임을 알아보았다고 쓰고 있습니다. 하느님을 닮아 가는 만큼 그분을 바라보게 되기 때문에 렉시오 디비나의 네 단계 하나하나가 중요합니다. 말씀을 듣고 그 말씀을 되새기고 그렇게 내 안에 들어온 말씀을 다시 하느님께 올려 드리면서 그분을 닮아 하느님을 뵙는 기도의 여정입니다.

얼마 전에 '폴란드로 간 아이들'이라는 다큐멘터리를 본 적이 있습니다. 한국 전쟁 중에 폴란드에 맡겨진 전쟁고아들과 그 고아들을 맡아 돌보던 폴란드 사람들에 대한 영화였어요. 1951년에 폴란드에 와서 팔 년간 지내다가 제 나라로 돌아간 아이들을 지금껏 잊지 못하고 회상하면서 눈물 흘리는 그곳 사람들 모습이 가슴에 깊이 와 닿았습니다. 그이들이 지금껏 그 아이들을 잊지 못하는 것은 1951년 북한에서 온 아이들을 만나기 전에 2차 대전의 참화를 겪었고 그래서 아이들의 이야기가 바로 자기들 이야기이기도 했기 때문이었습니다. 영화를 보다가 어느 순간 깨달았습니다. '아, 저분들에게는 아이들이 타인이 아니었구나. 저 아이들을 돌보는 것이 바로 자기를 돌보는 일이었고 아이들을 사랑하는 것이 바로 자기를 사랑하는 일이었구나.'

나는 너고, 너는 나다. 하느님의 사랑을 알고 그것을 사는 사람들에게는 이 말이 사실이 됩니다. 나의 죄에서 나의 고통을 보고, 그 고통 속에서 하느님을 발견하는 사람은 나와 다를 바 없는 이웃들 속에서 고통스러워하는 나를 만나며 그들을 하느님의 사랑으로 사랑하게 됩니다. 나에게 갇혀 있는 것이 죄라면, 그 죄에서 빠져나와 이웃과 하느님에게 건너가는 것이 파스카입니다. 그리스도교의 핵심은 파스카이고 파스카는 하느님 나라를 위한 것입니다. 그렇기 때문에 주님은 이렇게 말씀하신 게 아니었을까요?

"누구든지 위로부터 태어나지 않으면 하느님의 나라를 볼 수 없다."라고.

* **복자 야고보 알베리오네(1884-1971)**　바오로가족의 창립자. 이탈리아 북부 피에몬테의 포사노에서 태어났다. 1914년 성바오로수도회를 필두로 다섯 개의 수도회(성바오로딸수도회, 스승예수의 제자 수녀회, 선한목자 예수 수녀회, 사도의 모후 수녀회)와 네 개의 병설재속회(예수사제회, 성마리아영보회, 대천사가브리엘회, 성가정회), 하나의 협력자회로 이루어진 바오로가족을 창립하였다. 「그리스도 여러분 안에 형성될 때까지」, 「사목신학 개요」 등 카리스마의 유산을 담은 많은 저서를 남겼으며 사회 커뮤니케이션 수단을 통한 복음 선포를 역설하고 이를 실현하기 위해 노력한 실제적인 신비가로 여겨지고 있다. 2003년 4월 27일 교황 요한 바오로 2세에 의해 시복되었다.

* **신영복(1941-2016)**　경남 의령에서 나서 밀양에서 자랐으며, 서울대학교에서 경제학을 공부하고 육군사관학교에서 교관으로 일하던 중 통일혁명당 사건에 연루되어 무기 징역을 선고받았다. 20년 20일에 달하는 수형 생활 중 쓴 편지들의 모음집인 「감옥으로부터의 사색」은 우리 시대의 고전으로 평가받는다. 성공회대학교에서 가르쳤으며 서도에서도 일가를 이루어 '어깨동무체', '민체'라고도 불리는 그의 글씨 또한 널리 사랑받고 있다. 「담론」, 「강의-나의 동양 고전 독법」, 「청구회 추억」 등의 저서가 있다.

* **귀고 2세(? –1188)** 그의 생애에 대해 알려진 바는 거의 없다. 프랑스 그르노블 근처에서 1084년 창설된 카르투시오 수도회의 초기 회원 가운데 한 사람으로서 1173년 공동체의 책임자로 일했고 이어서 카르투시오 수도회의 제9대 총원장이 되어 1180년까지 봉직했다. 「묵상집」, 「마리아의 노래 주해」, 「관상 생활에 대해 쓴 편지」 등을 남겼다.

* **클레르보의 베르나르두스(1090–1153)** 부르고뉴Bourgogne 디종Dijon 근교의 가족 성城 퐁텐Fontaine에서 일곱 아들 가운데 셋째로 태어났다. 1107년 어머니의 죽음으로 충격을 받고 수도 생활을 추구하여 1112년 형제들, 친지들과 함께 시토회에 입회하였다. 1115년에 클레르보에 수도원을 세우고 그곳의 아빠스가 되었으며 1140년부터 공적인 설교를 시작하여 큰 명성을 얻었다. 교황과 왕들의 자문을 하거나 제2차 십자군 운동을 격려하는 등 사회 정치적인 영향력을 발휘하였다. 최후의 교부라 불리기도 하며 「신애론」, 「아가 강해」 등 시대를 넘어 사랑받는 작품들을 남겼다.

아 레 오
파 고 스

🕊 인용된 교부들의 작품 출처

첫 번째 강의 _ 죄란 무엇일까?

    1) 아우구스티누스, 「마니교도 반박 창세기 해설」, II,9,12.

두 번째 강의 _ 여덟 가지 악한 생각에서 칠죄종까지

    1) 대바실리우스, 서간 2,1.
    2) 대바실리우스, 그대 자신을 주의하라(강해 3),1.
    3) 에바그리우스 폰티쿠스, 「프락티코스」, II,6.
    4) 에바그리우스 폰티쿠스, 「악한 생각」,1.
    5) 아우구스티누스, 「시편상해」,60,3.

세 번째 강의 _ 탐식, 음식과 맺는 뒤틀린 관계

    1) 가자의 도로테우스, 「여러 가르침」,XV,161.
    2) 에바그리우스 폰티쿠스, 「여덟 악령」,1.
    3) 요한 클리마쿠스, 「천국의 사다리」,XIV,95,96.
    4) 에바그리우스 폰티쿠스, 「여덟 악령」,2.

네 번째 강의 _ 음란, 육체와 맺는 뒤틀린 관계

    1) 요한 카시아누스, 「공주 수도승 규정집」,VI,1.
    2) 에바그리우스 폰티쿠스, 「여덟 악령」,4.
    3) 에바그리우스 폰티쿠스, 「여덟 악령」,5.
    4) 요한 카시아누스, 「공주 수도승 규정집」,VI,2.
    5) 아우구스티누스, 「고백록」,X,29,40.
    6) 요한 클리마쿠스, 「천국의 계단」,XV,22.

다섯 번째 강의 _ 탐욕, 물질과 맺는 뒤틀린 관계

   1) 대그레고리우스, 「욥기의 도덕적 해설」, XV, 26.

   2) 에바그리우스 폰티쿠스, 「여덟 악령」, 7.

   3) 요한 크리소스토무스, 「코린토 1서 줄거리와 강해」, 10, 3.

여섯 번째 강의 _ 분노, 타인과 맺는 뒤틀린 관계

   1) 에바그리우스 폰티쿠스, 「악한 생각」, 5.

   2) 에바그리우스 폰티쿠스, 「프락티코스」, 11.

   3) 「사막교부들의 금언집」, VII, 33.

   4) 에바그리우스 폰티쿠스, 「여덟 악령」, 9.

   5) 고백자 막시무스, 「수덕서」, 20-22.

일곱 번째 강의 _ 슬픔, 시간과 맺는 뒤틀린 관계

   1) 아우구스티누스, 「고백록」, V, 2, 2.

   2) 에바그리우스 폰티쿠스, 「여덟 악령」, 11.

   3) 아시시의 성 프란치스코, 「영적 권고」, 8.

여덟 번째 강의 _ 아케디아 혹은 우울, 장소와 맺는 뒤틀린 관계

   1) 「사막교부들의 금언」, II, 포에멘 149.

   2) 요한 클리마쿠스, 「천국의 사다리」, XIII, 92.

   3) 고백자 막시무스, 「사랑에 관한 단상」, III, 56.

   4) 요한 카시아누스, 「공주 수도승 규정집」, XIII, 23.

   5) 에바그리우스 폰티쿠스, 「악한 생각」, 9.

   6) 대그레고리우스, 「베네딕도 전기」(대화 II), III, 5.

   7) 에바그리우스 폰티쿠스, 「수도생활의 토대」, VIII.

아홉 번째 강의 _ 허영, 행위와 맺는 뒤틀린 관계

    1) 요한 클리마쿠스, 「천국의 사다리」, XXII, 122.

    2) 에바그리우스 폰티쿠스, 「여덟 악령」, 16.

    3) 요한 클리마쿠스, 「천국의 사다리」, XXII, 123.

    4) 에바그리우스 폰티쿠스, 「여덟 악령」, 15.

    5) 요한 카시아누스, 「공주 수도승 규정집」, XI, 4-5.

    6) 에바그리우스 폰티쿠스, 「여덟 악령」, 16.

    7) 사막교부들의 금언, 에티오피아 선집 13, 34.

    8) 대바실리우스, 「짧은 규칙서」, 289.

열 번째 강의 _ 식별과 기도

    1) 아우구스티누스, 「독백」, II, 1, 1.

    2) 아우구스티누스, 「강론 311」, 14, 13.

    3) 대그레고리우스, 「에제키엘서 강해」, 1, 6.

    4) 대그레고리우스, 「서간 4」, 31.

    5) 귀고 2세, 「서간 2」(제르바시우스에게).

    6) 클레르보의 베르나르두스, 「모든 성인 대축일 강론 1」, 5.

🌿 함께 읽으면 도움이 될 책들

- 베네딕도수도회의 허성석 신부님이 옮겨 펴낸 책들은 여기서 다룬 주제들을 더 깊이 이해하는 데 도움이 됩니다.
  『프락티코스』, 에바그리우스 폰티쿠스, 허성석 역주. 해제, 분도출판사
  『안티레티코스』, 에바그리우스 폰티쿠스, 허성석 옮김, 분도출판사
  『그노스티코스』, 에바그리우스 폰티쿠스, 허성석 역주, 해제, 분도출판사

- 사막에 들어가 수도 생활을 하며 자신을 들여다보고 죄에 맞서는 싸움을 생생하게 이야기해 주는 작품이 아타나시우스가 쓴 '안토니우스의 생애'입니다. 역시 허성석 신부님이 옮겼는데 이 책에서는 안토니우스의 전기에 안토니우스가 쓴 편지 일곱 통을 덧붙였습니다.
  『사막의 안토니우스』, 알렉산드리아의 아타나시우스, 안토니우스 지음, 허성석 옮김, 분도출판사.

- 조금 후대의 작품으로 이전 수도승 전통을 종합하는 요한 클리마쿠스의 작품이 있습니다. 요한 클리마쿠스는 하느님께 이르는 길을 서른 개의 계단으로 나누어 설명합니다.
  『천국의 사다리』, 요한 클리마쿠스, 허성석 번역·해제, 분도출판사.

- 성 아우구스티누스의 『고백록』은 하느님으로부터 멀어진 인간이 어떻게 그분께 돌아가는가를 이야기하는 불멸의 고전입니다. 『고백록』에는 하느님을 찾는 아우구스티누스가 『안토니우스의 생애』를 읽고 자극을 받는 대목도 들어 있습니다. 최민순 신부님이 유려한 시적 문체로 번역한 고백록도, 아우구스티누스의 대작들을 하나하나 번역하고 있는 성염 선생님의 고백록도 좋습니다.
  『고백록』, 아우구스티누스 지음, 최민순 옮김, 바오로딸.
  『고백록』, 아우구스티누스 지음, 성염 역주, 경세원.